AF360355

CATALOGUE MENSUEL

(*Nouvelle Série, N° 24*)

LIBRAIRIE

DE

THÉOPHILE BELIN

29, Quai Voltaire, PARIS

SOMMAIRE

Les Actes des Apôtres, 1789-91, 10 vol. — *Alphand*. Promenades de Paris, 1868-73, 2 vol. — *Angelo*. Ecole des armes, 1763. — *Armengaud*. Galeries publiques, 1856-62, 2 vol. — *Audebert*. Hist. naturelle des Singes, 1800. — *Azeglio*. La réale Galleria di Torino, 1836-44, 4 vol. — *Bachaumont*. Mémoires secrets, 1777-89, 36 vol. — *Bernard*. Œuvres, 1797. — Bibliothèque latine-française, 1826-49, 211 vol. — *Boyssat*. Hist. des chevaliers de Jérusalem, 1612. — *Cardera*. Iconografia española, 1855-64, 2 vol. — *Cartrou*. Hist. de l'empire du Mogol, 1705. — *Catulle, Tibulle et Properce*, 1659. — *Clarac*. Musée de sculpture, 1826-53, 6 vol. — Collection des Tableaux de la Révolution, 1802, 3 vol. — *Corneille*. Théâtre, 1664, 2 vol. — *Decaisne*. Le Jardin fruitier, 1871-72, 9 vol. — *Denon*. Monumens des Arts, 1829, 4 vol. — *Desormeaux*. Hist. de la maison de Bourbon, 1772-88, 5 vol. — *Du Cange*. Glossarium, 1883-87, 10 vol. *Duflos*. Recueil d'estampes de costumes, 1780. — *Dunker*. Esquisses pour les artistes, 1785. — *Félibien*. Hist. de Paris, 5 vol. — *Filhol*. Galerie du Musée de France, 1814-28, 11 vol. — *Frotet de la Landelle*. Mémoires ms. — *Gaimard*. Voyage de la commission scientifique du Nord, 1842, 4 vol. — Galerie de l'Hermitage, 1805-09, 2 vol. — Galerie des peintres flamands, hollandais et allemands, 1792, 3 vol. — Galerie du Palais-Royal, 1786-1808, 3 vol. — Gazette des Beaux-Arts, 1859-89, 68 vol. — Historia Alexandri Magni, 1486. — *Joly*. Costumes des théâtres, 5 vol. — *Lecomte*. Costumes, 1820, 4 vol. — Manuscrits italiens et persan. — *Ménard*. Hist. de Nîmes, 1750, 7 vol. — *Molière*. Œuvres, 1734, 6 vol. — *Regnier*. Satyres, 1652. — *Sarpi*. Hist. du Concile de Trente, 1736, 2 vol. — *Thucydide*. Histoire de la guerre du Péloponèse, 1527. — *Tite-Live*. Decades, 1506.

PARIS

LIBRAIRIE THÉOPHILE BELIN

29, QUAI VOLTAIRE, 29

1899

1937. Abrantès (Duchesse d'). Mémoires sur la Restauration, ou Souvenirs historiques sur cette époque, de la révolution de 1830, et les premières années du règne de Louis-Philippe. *Paris, impr. Boulé*, 1838 ; 6 vol. in-8, br.   45 fr.

Rare.

1938. Abrégé des vies des poëtes, historiens et orateurs grecs et latins ; qu'on voit ordinairement dans les collèges. *Paris, Vᵛᵉ Simon Benard*, 1707 ; in-12, veau.   2 fr.

1939. Abus (De l') des Nuditez de Gorge (attribué à Jacques Boileau). *Bruxelles, Franç. Foppens*, 1675 ; in-12, cuir de Russie, dos orné, dent., tr. dor. (*Simier*).   10 fr.

PREMIÈRE ÉDITION.

1940. Académie universelle des Jeux avec des instructions faciles pour apprendre à les bien jouer. *Amsterdam*, 1760 ; 2 part. in-8, bas.   4 fr.

1941. Actes (les) des Apôtres commencés le jour des Morts, et finis (*sic*) le jour de la Purification. *Paris, l'an de la liberté* 0 (1789-1791); 10 vol. in-8, fig., veau   80 fr.

« Cette feuille, dit Hatin, *Hist. de la presse en France* (VIII, 11), la plus spirituelle et la plus piquante de l'époque, commença à paraître le 2 novembre 1789 ». Elle eut pour rédacteurs Peltier, Rivarol, Champcenetz, Mirabeau jeune, Bergasse, Montlosier, Lauraguais, Suleau ; ce fut, selon l'expression de Lamartine, comme la Satyre Ménippée du temps.

Ouvrage très rare à trouver complet. La présente collection comprend 311 numéros (les titres des tomes II et IV manquent, ainsi que les introductions des mêmes volumes et les épilogues des tomes III à VI, IX et X).

Les deux derniers tomes sont reliés en basane.

1942. Adelaïde de Messine, nouvelle historique, galante et tragique, ornée de figures en taille-douce. *Amsterdam, L'Honoré et Chatelain*, 1742 ; 2 tomes en un vol. in-12, bas.   12 fr.

Figures en taille-douce. Voy. Bibliothèque universelle des romans, tome XV.

1943. Aëdonologie, ou traité du rossignol franc ou chanteur ; contenant la manière de le prendre au filet, de le nourrir facilement en cage (par Arnault de Nobleville et Salerne). *Paris, Debure*, 1773 ; in-12, pl., cart.   5 fr.

1944. Album chinois. Pet. in-fol., cart.   80 fr.

Recueil de 90 planches coloriées représentant diverses scènes d'un poème chinois ou japonais.

1945. Alcoran (l') des Cordeliers, tant en latin qu'en français, c'est-à-dire recueil des plus notables bourdes et blasphèmes de ceux qui ont osé comparer S. François à Jésus-Christ, tiré (par Erasme Albère) du grand livre des conformitéz, jadis composé (en latin) par frère Barthélemy de Pise, cordelier en son vivant (et trad. en françois par Conrad Badius). Nouvelle édition ornée de figures de B. Picard. *Amsterdam*, 1734 ; 2 vol. in-12, veau marbr., dos orné (*Rel. anc.*).   25 fr.

Frontispice et 21 figures de *Bernard Picart*.

1946. Alembert (D'). Mélanges de littérature, d'histoire et de philosophie (par d'Alembert). *Amsterdam, Chatelain*, 1767 ; 5 vol. in-12, veau marb., dos orné (*Rel. anc.*). 10 fr.

Bel exemplaire.

1947. Alletz. L'Albert moderne ou nouveaux secrets et procédés utiles ou curieux, pour l'entretien de la beauté et de la santé ; la guérison des maux et maladies ; la conservation et les diverses préparations des alimens et des boissons. *Paris, Duchesne*, 1793 ; 3 vol. in-12, demi-rel. basane.   10 fr.

Curieux traité d'économie domestique, orné de 3 figures en taille-douce.

1948. Alphand. Les Promenades de Paris. Histoire, description des embellissements, dépenses de création et d'entretien des bois de Boulogne et de Vincennes, des Champs-Elysées, parcs, squares, boulevards et des promenades de la ville de Paris. *Paris, Rothschild* (1868-1873); 2 v. in-fol., en feuilles. 150 fr.

Exemplaire sur PAPIER DE HOLLANDE contenant 80 gravures sur acier, 23 chromolithographies et 407 figures sur bois.

1949. Alphand. Les Promenades de Paris, histoire, description des embellissements, dépenses de création et d'entretien des bois de Boulogne et de Vincennes, des Champs-Elysées, parcs, squares, boulevards et des promenades de la ville de

Paris. *Paris, Rothschild* (1868-1873); 2 v. in-fol., en feuilles. 110 fr.

80 gravures sur acier, 23 chromolithographies et 407 figures dans le texte.

1950. **Amour** (l') aux Colonies, singularités physiologiques et passionnelles observées durant trente années de séjour dans les colonies françaises, Cochinchine, Tonkin et Cambodge, Guyane et Martinique, Sénégal et Rivières du Sud, Nouvelle-Calédonie, Nouvelles-Hébrides et Taïti, par le Dr Jacobus X***. *Paris, Liseux*, 1893 ; in-8 de 400 pages, br. 30 fr.

1951. **Amusemens** (les) de la Campagne contenant la description de tous les jeux qui peuvent ajouter à l'agrément des jardins, l'histoire naturelle, etc., et tout ce qui peut charmer les loisirs de ceux qui habitent la campagne, recueillis par plusieurs amateurs et publiés par M. A. Paulin Desormeaux. *Paris, Audot*, 1826 ; 4 vol. in-12, br. 20 fr.

40 planches gravées en taille-douce.

1952. **Ananga-Ranga**. Traité Hindou de l'amour conjugal, rédigé en sanscrit par l'archi-poète Kalyana Malla (XVIe siècle), traduit sur la première version anglaise (Cosmopoli, 1885), par Isidore Liseux. *Paris, Liseux*, 1886 ; in-8, br. 25 fr.

PAPIER DE HOLLANDE tiré à 300 exemplaires numérotés.

Cet ouvrage ne fait pas double emploi avec les *Kama Sutra* de Vatsyayana, publiés en 1885. Composé au XVIe siècle ou peut-être au XVe siècle, par conséquent beaucoup plus moderne, puisque les *Kama Sutra* remontent au Ve siècle, il nous fait voir les mœurs et la civilisation des Hindous sous un jour assez différent. C'est un document précieux qui vient s'ajouter aux traités érotologiques de Forberg, de Vatsyayana et du cheikh Nefzaoui.

1953. **Anecdotes** ecclésiastiques contenant la police et la discipline de l'Eglise chrétienne depuis son établissement jusqu'au XIe siècle ; les intrigues des évêques de Rome et leurs usurpations sur le temporel des souverains. Tirées de l'histoire du royaume de Naples, de Giannone, brûlée à Rome en 1726 (Par J.-J. Vernet). *Amsterdam, Jean Catuffe*, 1753 ; in-12, bas. 4 fr.

1954. **Angelo**. L'Ecole des Armes avec l'explication générale des principales attitudes et positions concernant l'Escrime, par M. Angelo. *A Londres, chez R. et J. Dodsley*, 1763 ; in-fol. oblong, veau (*Rel. anc.*). 250 fr.

ÉDITION ORIGINALE de ce beau traité d'escrime orné de 47 planches en taille-douce gravées par *Ryland, Elliot, Hall*, d'après des dessins de *J. Gwyn*.

Très bel exemplaire avec la liste des souscripteurs.

1955. **Annales** du Muséum National d'histoire naturelle, par les professeurs de cet établissement. *Paris, Levrault, an XI-an XIII*(1802-1805); 6 vol. in-4, demi-rel. mar. rouge, dos orné. 50 fr.

Important recueil rédigé par Haüy, Faujas-Saint-Fond, Fourcroy, Desfontaines, Jussieu, Thouin, Lacépède, Geoffroy, Lamark, Cuvier, Vauquelin, Geoffroy-Saint-Hilaire, etc., etc.

Nombreuses et belles planches en taille-douce.

1956. **Apulée**. L'Ane d'or, ou la Métamorphose. Traduction de Savalète. Préface de J. Andrieux. Avec nombreuses figures dessinées par A. Racinet et P. Bénard. *Paris, Firmin Didot*, 1872 ; gr. in-8, vélin, fil., non rogné. 18 fr.

1957. **Apulée**. Les Métamorphoses, ou l'Ane d'or d'Apulée, philosophe platonicien. Nouvelle édition (par l'abbé Compain de Saint-Martin). *Paris, Bastien*, 1787 ; 2 vol. in-8, br. 25 fr.

Portrait et 14 figures en taille-douce, copiées sur celles de *Crispin de Pas*, de l'édition de 1623.

1958. **Armengaud**. Les Galeries publiques de l'Europe. Rome-Italie. *Paris, J. Claye et Ch. Lahure*, 1856-1862 ; 2 vol. gr. in-4, mar. bleu, dos orné, fil., tête dor., *non rognés*, fermoirs. 180 fr.

Exemplaire sur PAPIER DE CHINE. Nombreuses figures et portraits dans le texte.

1959. **Armengaud**. Les Galeries publiques de l'Europe. Italie. *Paris, Lahure*, 1862 ; gr. in-4, mar. rouge, dos orné, fil., tr. dor. (*Bertrand*). 100 fr.

Exemplaire sur PAPIER DE CHINE. Nombreuses figures et portraits dans le texte.

1960. **Arrien**. Le Périple de la Mer noire, traduction, étude historique et géographique, index et carte par Henry Chotard. *Paris, A. Durand*, 1860 ; in-8, br. 3 fr.

Et de Livres anciens et modernes

1961. **Art** (l') de desoppiler la rate, Sive de modo C. Prudenter, en prenant chaque feuillet pour se t. le d. Entremélé de quelques bonnes choses. (Par A.-J. Panckoucke.) *A Gallipoli de Calabre, l'an des folies 175884 (1754)* ; in-12, mar. rouge, dos orné, dent., tr. dor.   30 fr.

> La première et la meilleure édition de ce recueil qui contient une quantité de renseignements les plus divers : extraits de livres rares, analyses de sermonnaires burlesques, morceaux scatalogiques, bibliographie d'ouvrages singuliers, etc.

1962. **Art** (l') de faire des garçons ou nouveau tableau de l'amour conjugal, par M. *** (Procope Couteau, docteur en médecine). *Montpellier, F. Maugiron, 1760* ; in-12, veau.   8 fr.

1963. **Artamof** (Piotre). La Russie historique, monumentale et pittoresque. *Paris, Lahure, 1862* ; 2 vol. in-fol., demi-rel. mar. bleu, tête dor., *non rognés*.   35 fr.

> Texte illustré de très belles figures gravées sur bois.
> Piotre Artamof est le pseudonyme du comte Vladimir de la Fite de Pelleporc.

1964. **Asselineau** (Charles). André Boulle, ébéniste de Louis XIV. Troisième édition revue et complétée. *Paris, Rouquette, 1872* ; in-12 de 44 pp., br.   2 fr.

> Papier vergé.

1965. **Asselineau** (Charles). Le Paradis des gens de lettres selon ce qui a été vu et entendu. *Paris, Poulet-Malassis, 1862*; in-16, front., br.   10 fr.

> Rare.

1966. **Atlas** du département de la Seine. 8 vol. in-fol., demi-rel. 60 fr.

> Ces huit volumes contiennent 71 plans des cantons suburbains : canton de Vincennes — de Courbevoie — de Neuilly — de Pantin — de Villejuif — de Charenton — de Saint-Denis — de Sceaux.
> Non mis dans le commerce.

1967. **Aubigné** (Agrippa d'). Les Aventures du baron de Fœneste. Augmentée de plusieurs remarques historiques, de l'histoire secrète de l'auteur, écrite par lui-même, et de la bibliothèque de maître Guillaume, enrichie de notes par M*** (Le Duchat). *Amsterdam, 1731* ; 2 vol. pet. in-8, mar. bleu, fil., dos orné, tr. dor. (*Capé*).   75 fr.

> Bel exemplaire. Frontispice gravé par *Pigaud*.

1968. **Audebert**. Histoire naturelle des singes et des makis. *Paris, Desrais (1800)* ; gr. in-fol., demi-rel. basane, *non rogné*.   100 fr.

> Bel exemplaire sur PAPIER VÉLIN, orné de 63 planches coloriées.

1969. **Audsley** et L. **Bowes**. La Céramique japonaise, édit. française publiée sous la direction de M. A. Racinet. *Paris, Didot, 1880*; 2 vol. in-fol., demi-rel. dos et coins de mar. rouge, tête dor., *non rognés*. 150 fr.

> 55 planches en couleurs.

1970. **Azeglio**. LA REALE GALLERIA DI TORINO. Illustrata da Roberto Azeglio. *Torino Bassadona, 1836-1844* ; 4 vol. in-fol., demi-rel. dos et coins de chagrin vert, tête dor., *non rognés*.   400 fr.

> Très bel exemplaire sur PAPIER VÉLIN contenant 165 planches AVANT LA LETTRE.

1971. **Azeglio**. La Reale Galleria di Torino. Illustrata da Roberto d'Azeglio. *Torino, Bassadona, 1836-1841* ; 3 vol. in-fol., demi-rel. dos et coins de mar. rouge, dos orné, tr. dor.   200 fr.

> Très bel exemplaire sur PAPIER VÉLIN renfermant 120 planches tirées AVANT LA LETTRE.

1972. **Bachaumont**. Mémoires secrets pour servir à l'histoire de la république des lettres en France, depuis 1762 jusqu'à nos jours, par feu M. de Bachaumont. *Londres, J. Adamsohn, 1777-1789* ; 36 vol. in-12, veau.   80 fr.

1973. **Bade** et ses environs dessinés d'après nature par J. Coignet avec des notices par Amédée Achard. *Paris, Hachette, 1858* ; in-fol., demi-rel. chagrin vert.   35 fr.

> Nombreuses figures.

1974. **Baïf**. Les Passe-temps de Jean-Antoine de Baïf. *Paris, Lucas Breyer, 1573* ; in-8, mar. rouge, dos orné, fil., tr. dor. (*Chambolle-Duru*)   150 fr.

> Bel exemplaire.

1975. **Baker** (Henry). Le Microscope à la portée de tout le monde, ou description, calcul et explication de la nature, de l'usage et de la force des meilleurs microscopes. Traduit de l'anglois (par le P. Esprit Pezenas). *Paris, Jombert, 1754* ; in-8, veau, dos orné. 7 fr.

> 14 planches en taille-douce.

Achat de Bibliothèques

1976. Balzac (Guez de). Les Œuvres diverses du sieur de Balzac. Augmentées en cette édition de plusieurs pièces nouvelles. *Amsterdam, Daniel Elzevier*, 1664 ; pet. in-12, vélin. 10 fr.
Villems, Les Elzevier, n° 1333. — Haut. : 129 mm.

1977. Balzac (Honoré de). Vautrin, drame en cinq actes, en prose, par M. de Balzac, représenté sur le théâtre de la Porte-Saint-Martin le 14 mars 1840. Troisième édition augmentée et corrigée. *Paris, Delloye*, 1840 ; in-8, br., couv. 5 fr.

1978. Barante. Histoire des ducs de Bourgogne de la maison de Valois, 1364-1477, par M. de Barante. *Paris, Delloye*, 1839 ; 12 vol. in-8, fig., demi-rel. chagr. brun. 30 fr.
Exemplaires avec les figures sur *Chine*, et avec le tirage à part des en-têtes.

1979. Barjaud et **Landon.** Description de Londres et de ses édifices, avec un précis historique et des observations sur le caractère de leur architecture, et sur les principaux objets d'art et de curiosité qu'ils renferment, par J.-B. Barjaud et C.-P. Landon. *Paris, Landon*, 1810 ; in-8, pl., veau, dos orné. 30 fr.
Plan de Londres en 1810, et 42 jolies figures représentant les monuments de cette capitale.
Bel exemplaire.

1980. Barras. Mémoires de Barras, membres du Directoire, publiés avec une introduction générale, des préfaces et des appendices par George Duruy. *Paris, Hachette*, 1895 ; 2 vol. in-8, portr., br. 8 fr.
Tomes I et II seuls.

1981. Barre (Le P.). Histoire générale d'Allemagne. *Paris, Delespine et Hérissant*, 1748 ; 11 vol. in-4, veau, dos orné (*Rel. anc.*). 30 fr.
Vignettes d'*Eisen* et de *Le Bas*.

1982. Barron (Louis). Autour de Paris. *Paris, Motteroz* (1891) ; in-4, cart., tête dor., *non rogné*. 25 fr.
Illustré de 500 dessins d'après nature, par *G. Fraipont*.

1983. Barron (Louis). Les Environs de Paris. *Paris, Quantin, s. d.* ; in-4, br. 15 fr.
Ouvrage illustré de 500 dessins d'après nature, par *G. Fraipont*.

1984. Barthélemy et **Méry**. Œuvres. Némésis. *Paris, Furne,* 1838 ; in-8, demi-rel. veau. 3 fr.
Figures de *Raffet*.

1985. Baschet (Armand). Honoré de Balzac. Essai sur l'homme et l'œuvre, avec notes historiques par Champfleury. *Paris, Giraud et Dagneau*, 1852 ; in-12, br. 4 fr.

1986. Bassville. Élémens de Mythologie avec l'analyse des poëmes d'Homère et de Virgile. *Genève et Paris*, 1784 ; in-8, veau. 4 fr.
Figures en taille-douce.

1987. Bastier de la Péruse. Œuvres poétiques de Jean Bastier de la Péruse, angoumois, 1529-1554. Nouvelle édition publiée par E. Gellibert des Seguins. *Paris, Jouaust*, 1867 ; in-8, br. 5 fr.
Édition tirée à 200 exemplaires dont 100 mis dans le commerce. PAPIER VERGÉ.

1988. Baunard (L'abbé). Histoire de Madame Barat, fondatrice de la société du sacré-cœur de Jésus. Deuxième édition. *Paris, Poussielgue*, 1876 ; 2 vol. in-8, portr., br. 6 fr.

1989. Bausset. Mémoires anecdotiques sur l'intérieur du Palais et sur quelques événemens de l'Empire depuis 1805 jusqu'au 1er Mai 1814, pour servir à l'histoire de Napoléon. *Paris, Baudoin*, 1827-1829 ; 4 vol. in-8, cart., *non rognés*. 50 fr.
Rares mémoires ornés de 2 portraits de l'Empereur et de l'Impératrice Joséphine ; et de 120 fac-similés de signatures des personnages les plus marquants de l'époque.

1990. Beaumarchais. Œuvres complètes. *Paris, Léop. Collin*, 1809 ; 7 vol. in-8, demi-rel. mar. rouge, dos orné, *non rognés*. 40 fr.
ÉDITION ORIGINALE COLLECTIVE publiée par Gudin, ancien secrétaire de Beaumarchais.
Figures gravées au trait par *Gautier aîné*.

1991. Béranger. Œuvres complètes de P. J. de Béranger. Edition unique, revue par l'auteur, ornée de 104 vignettes en taille-douce dessinées par les peintres les plus célèbres. *Paris, Perrotin*, 1834 ; 4 vol. in-8, demi-rel. veau, dos orné, tr. marbr. 40 fr.
104 vignettes de *Raffet, Grenier, Johan-*

Et de Livres anciens et modernes

not, Granville, Devéria, etc. tirées sur *Chine.*

Exemplaire grand de marges.

1992. **Béranger**. Œuvres complètes de P.-J. Béranger. Edition illustrée par J.-J. Grandville. *Paris, Fournier,* 1836-1837 ; 3 vol. in-8, portr. et fig., demi-rel. mar. rouge, tête dor., *non rognés*. 70 fr.

Bel exemplaire contenant la suite des 120 figures d'après *Grandville* et des 103 figures de *Johannot, Charlet,* etc.

1993. **Bernard** (P.-J.). Œuvres, ornées de gravures d'après les dessins de Prud'hon, la dernière estampe gravée par lui-même. *Paris, P. Didot l'aîné, an V* (1797) ; in-4, demi-rel. dos et coins de mar. rouge, dos orné, fil., tête dor., *non rogné (Petit-Simier)*. 250 fr.

Très bel exemplaire. Un des 150 tirés SUR PAPIER VÉLIN FORT D'ANGOULÊME, avec la suite des figures de *Prud'hon*, en épreuve AVANT LA LETTRE. Les exemplaires sur ce papier sont les seuls qui contiennent les Opéras de l'auteur.

1994. **Bernard** (P.-J.). Œuvres de P.-J. Bernard, ornées de gravures d'après les desseins de Prud'hon ; la dernière estampe gravée par lui-même. *Paris, impr. de P. Didot, l'aîné, an V* (1797) ; gr. in-4, demi-rel. dos et coins de chagr. bleu, tête dor., *non rogné (Raparlier)*. 40 fr.

Quatre figures de *Prud'hon*, gravées par *Prud'hon, Beisson* et *Copia*.

1995. **Bernard**. Œuvres. *Paris, Janet et Cotelle,* 1823 ; in-8, br. 3 fr.

Frontispice d'après *Prud'hon*. Cachet sur le titre.

1996. **Béroalde de Verville**. Le Moyen de Parvenir. Nouvelle édition. *S. l.,* 1773 ; 2 vol. in-12, titres gravés, veau fauve. 15 fr.

Jolie petite édition ornée du portrait-frontispice de l'auteur.

1997. **Béroalde de Verville**. Le Moyen de Parvenir, œuvres contenant la raison de ce qui a esté, est et sera, par Béroalde de Verville. Nouvelle édition. *Paris, L. Willem,* 1870 ; in-8, mar. rouge, dos orné, fil., tr. dor. *(Fock)*. 100 fr.

Portrait de l'auteur et figures sur bois. Bel exemplaire sur PAPIER DE CHINE, dans une jolie reliure.

1998. **Bertall**. La Comédie de notre temps. *Paris, E. Plon,* 1874-1876 ; 3 vol. in-4, br. (couv.) 50 fr.

Texte et figures humoristiques. La Civi-lité, les habitudes, les mœurs. — Les Enfants, les jeunes, les mûrs, les vieux. — La vie hors de chez soi.

1999. **Bertin** et **Maupillé**. Notice historique et statistique sur la baronie, la ville et l'arrondissement de Fougères. *Rennes,* 1846 ; in-8, br. 3 fr.

Légères mouillures.

2000. **Bianchi**. Relation de l'arrivée dans la rade d'Alger du vaisseau de S. M. la Provence sous les ordres de M. le comte de la Bretonnière. *Paris, Laovocat,* 1830 ; in-8, br. 4 fr.

2001. **Bible** (La Sainte), contenant l'ancien et le nouveau Testament, traduite en françois sur la vulgate, par M. Le Maistre de Saci. *Paris, Defer de Maisonneuve,* 1789-1804 ; 12 vol. in-8, fig., cart., *non rog.* 150 fr.

Bel exemplaire entièrement non rogné, contenant les 300 jolies figures *Marillier*.

2002. **Bibliothèque** latine-française publiée par C. L. F. Panckoucke. *Paris, Panckoucke,* 1826-1849 ; 211 vol. in-8, cart., *non rognés*. 450 fr.

Première série, 1826-1839. 178 vol. et 2 albums.
Deuxième série, 1842-1849. 33 vol.
Rare collection complète.

2003. **Bibliothèque** poétique, ou Nouveau choix des plus belles pièces de vers en tout genre, depuis Marot jusqu'aux poëtes de nos jours. (Par Adrien-Claude Le Fort de La Morinière). *Paris, Briasson,* 1745 ; 4 vol. in-12, front., bas. 10 fr.

Avec une introduction de près de 60 pages, contenant en abrégé l'origine et l'histoire de la poësie françoise, et celles des poëtes françois avant Clément Marot, par l'abbé C. L.-P. Goujet.
Joli frontispice de *Sornique*.

2004. **Bitard**. Dictionnaire de Biographie contemporaine française et étrangère, augmenté d'un supplément. *Paris, Léon Vanier,* 1880 ; gr. in-8, br. 7 fr.

2005. **Blanc** (Charles). L'Œuvre complet de Rembrandt, décrit et commenté par M. Charles Blanc. Catalogue raisonné de toutes les eaux-fortes du maître et de ses peintures. *Paris, Gide,* 1859-1864 ; 2 tomes en 3 livraisons, br. 20 fr.

Portrait et eaux-fortes sur Chine.

2006. **Blaze** (Elzéar). Le Chasseur au Chien d'Arrêt, par Elzéar Blaze,

4e édition, corrigée. *Paris*, 1846 ; in-8, front., demi-rel. dos et coins de mar. vert, dos orné, tête dor., *non rogné.* 12 fr.

2007. **Blaze.** (Elzéar) Le Chasseur au Chien courant. *Paris, l'auteur,* 1838 ; 2 vol. in-8, *brochés,* couv. 12 fr.

2008. **Blaze** (Elzéar). Le Chasseur aux filets, ou la chasse des dames, contenant les habitudes, les ruses des petits oiseaux, l'art de les prendre, de les nourrir et de les faire chanter. *Paris, E. Blaze,* 1839 ; in-8, br. 8 fr.

4 planches en taille-douce.

2009. **Blondeau** (Nic.) et **Noël** (Franç.). Glossarium eroticum latinum et gallicum. *Paris, Liseux,* 1885 ; in-8, *broché.* 25 fr.

PAPIER DE HOLLANDE.
Ce curieux livre, tiré d'un manuscrit inédit composé par Nicolas Blondeau au XVII° siècle, a été complété et augmenté de notes curieuses par François Noël. De plus une étude de près de 60 pages sur la langue érotique, par le traducteur de Forberg, donne un nouvel attrait à cet ouvrage.

2010. **Boccace.** Contes et nouvelles de Boccace, florentin. Traduction libre, accommodée au gout de ce temps. *Amsterdam, George Gallet,* 1697 ; 2 vol. pet. in-8, vélin. 60 fr.
PREMIER TIRAGE des gravures de *Romain de Hooghe.*

2011. **Boccace.** Nouvelles de Jean Boccace, traduction libre, par Mirabeau. *Paris, Duprat,* 1802 ; 4 vol. in-8, fig., demi-rel. dos et coins de chagr. bleu, tête dor., *non rog.* 75 fr.

8 charmantes figures, entourées de médaillons, par *Marillier,* gravées par *Courbe, Delvaux, Devilliers* et *Ponce.*
Exemplaire en PAPIER VÉLIN.

2012. **Boccace.** Les dix Journées de Jean Boccace, traduction de Le Maçon. Réimprimée par les soins de D. Jouaust, avec notice, notes et glossaire par Paul Lacroix. *Paris, Librairie des bibliophiles,* 1873 ; 4 vol. in-8, mar. vert, tête dor., *non rognés (Petit).* 150 fr.

L'un des 15 exemplaires sur PAPIER WHATMAN, avec onze eaux-fortes de *Flameng,* en double état, sur Chine et sur Whatman.
Bel exemplaire avec armoiries et chiffre sur chacun des plats de la reliure.

2013. **Boileau-Despréaux.** Œuvres diverses du sieur D*** (Despréaux), avec le Traité du sublime ou du merveilleux dans le discours, traduit du grec de Longin. *Paris, Denys Thierry,* 1674 ; in-4, front. et fig., mar. rouge, dos orné, fil., tr. dor. (*Trautz-Bauzonnet*) 160 fr.

PREMIÈRE ÉDITION sous le titre d'Œuvres : l'*Art Poétique* et le *Lutrin* (IV chants) paraissent ici pour la première fois.
Bel exemplaire avec les figures de *Chauveau.*

2014. **Boileau-Despréaux.** Œuvres. *Paris, Desaint,* 1768 ; 3 vol. in-12, veau marbré. 8 fr.

2015. **Boileau-Despréaux.** Œuvres choisies. *Paris, Didot aîné,* 1781 ; pet. in-12, portr., cart., tr. dor. 8 fr.
De la collection du comte d'Artois.

2016. **Bonaparte** (Lucien). Mémoires écrits par lui-même. *Bruxelles,* 1836-1845 ; 2 vol. in-12, br. 10 fr.

2017. **Bonnamy** (Général). Coup-d'œil rapide sur les opérations de la campagne de Naples jusqu'à l'entrée des français dans cette ville. *Paris, Dentu, an VIII* (1800) ; in-12, dérelié. 3 fr.

2018. **Bonne.** Atlas moderne ou collection de cartes sur toutes les parties du globe terrestre par plusieurs auteurs. *Paris, Lattré et Delalain,* 1762-1771 ; 2 vol. pet. in-fol., demi-rel. chagr. vert. 60 fr.

PREMIÈRE ÉDITION de ce très bel atlas par *Bonne, Janvier* et *Zannoni,* comprenant 2 titres par *Monnet* et *Marillier,* 2 ff. grav. d'avertissement, 2 ff. grav. de table, 35 cartes pour la première et 41 cartes pour la seconde parties, illustrées de très beaux cartouches du plus pur style de la fin du règne de Louis XV, par *Marillier, Choffard, Arrivet* et autres.

2019. **Bossuet.** (Jacques-Benigne). Défense de l'histoire des Variations contre la réponse de M. Basnage, ministre de Roterdam. *Paris, J. Anisson,* 1691 ; in-12, veau. 8 fr.
ÉDITION ORIGINALE. Cachet sur le titre.

2020. **Bouchard.** Les Confessions de Jean-Jacques Bouchard, parisien, suivies de son voyage de Paris à Rome en 1630, publiées pour la première fois sur le manuscrit de l'auteur. *Paris, Liseux,* 1881 ; in-8, br. 18 fr.

Les *Confessions* nous apprennent que le jeune Bouchard fit ses classes au collège de Calvy ou Petite Sorbonne, rue Saint-Jacques, qu'il en sortit à dix-huit ans et qu'il se fit ensuite recevoir docteur en droit civil et en droit canon, ce qui atteste des études suivies jusqu'à leur achèvement complet. Elles nous donnent en même temps des détails fort scabreux sur ses mœurs d'écolier et sur celles de ses camarades...

2021. Boucher (Jean). Sermons de la simulée conversion et nullité de la prétendue absolution de Henry de Bourbon, prince de Béarn, à St-Denys en France, le dimanche 25 juillet 1593. *Juxte la copie imprimée à Paris, Chaudière, 1594 ;* in-8, parch. 30 fr.

Cette édition publiée immédiatement après l'originale fut, comme celle-ci, détruite lors de l'entrée de Henri IV à Paris. -- Reliure fatiguée.

2022. Bourgoing (François de). Histoire diplomatique de l'Europe pendant la Révolution française. *Paris, Michel Lévy,* 1865-1885 ; 4 vol. in-8, br. 7 fr.

Le III° volume (1871) manque.

2023. Boyssat (Pierre de). Histoire des Chevaliers de l'ordre de l'hospital de S. Jean de Hierusalem, contenant leur admirable institution et police, la suite des guerres de la terre saincte, la conqueste et les trois grands sièges de Rhodes, le merveilleux siège de Malte. Par P. Boyssat, seigneur de Licieu. *Lyon, les héritiers de Guil. Roville,* 1612 ; 2 tomes en un vol. in-4, mar. rouge jans., tr. dor. (*Chambolle-Duru*). 150 fr.

Bel exemplaire de cet excellent ouvrage historique.

2024. Boysse (Ernest). Les Abonnés de l'Opéra (1783-1786). *Paris, Quantin,* 1881 ; demi-rel. dos et coins de mar. bleu, dos orné, tête dor., *non rogné* (*Raparlier*). 18 fr.

Frontispice et 4 portraits à l'eau-forte : Mlle Maillard, Jelyotte, Mlle Duthé, Sophie Arnould.
Bel exemplaire.

2025. Bretagne. Mémoire historique, critique et politique sur les droits de souveraineté, relativement aux droits de Traite qui se perçoivent en Bretagne. *S. l.,* 1765. Preuves de la pleine souveraineté du roi sur la province de Bretagne. *Paris,* 1765. Ens. en un vol. in-8, veau, dos orné. (*Rel. anc.*) 8 fr.

Quoique le texte attribue, dans le second ouvrage, les trois lettres dont il se compose au contrôleur de Laverdy et les deux réponses au président d'Amilly, les auteurs seraient, paraît-il P.-C. Lorry, inspecteur général du domaine. et Duparc-Poulain, avocat à Rennes.

2026. Broglie (Albert, duc de). Frédéric II et Louis XV d'après des documents nouveaux. 1742-1744. *Paris, Calmann Lévy,* 1885 ; 2 vol. in-8, br. 8 fr.

2027. Broglie (Victor, duc de). Souvenirs. *Paris, Calmann Lévy,* 1886 ; 4 vol. in-8, br. 15 fr.

2028. Brulliot (François). Dictionnaire des monogrammes, marques figurées, lettres initiales, noms abrégés, etc., avec lesquels les peintres, dessinateurs, graveurs et sculpteurs ont désigné leurs noms. *Munich, J.-G. Gotta,* 1832 ; 3 vol. in-4, cart. toile. 65 fr.

Excellent ouvrage dont l'utilité n'est plus à démontrer.
Exemplaire interfolié de papier blanc.

2029. Bruun Neergaard (T.-C.). Mes Pensées. *Paris, Didot,* 1813 ; in-8, br. 3 fr.

Recueil de 272 pensées philosophiques.

2030. Buchan. Observations pratiques sur les bains d'eau de mer et sur les bains chauds. Ouvrage traduit de l'anglais par M. Rouxel. *Paris, Gabon,* 1842 ; in-8, br. 2 fr.

2031. Bucquoy (Comte de). Évènement des plus rares ou l'histoire du sieur abbé comte de Buquoy, singulièrement son évasion du Fort l'Evêque et de la Bastille, l'allemand à côté. revuë et augmentée, deuxième édition avec plusieurs de ses ouvrages, vers et proses (*sic*) et particuliclièrement (*sic*) la game des Femmes. *Se vend chez Jean de la Franchise, rue de la Réforme, à l'Espérance, à Bonnefoy,* 1719 ; in-12. bas. 5 fr.

Cette relation des évasions de l'abbé de Bucquoy est due à Mᵐᵉ du Noyer ainsi que cela a été démontré dans l'édition publiée par Pincebourde. Les autres pièces qui terminent le volume sont bien réellement de l'abbé de Bucquoy..
Curieux frontispice représentant la Bastille.
Les pages 213-214 manquent.

2032. Burlamaqui. Principes du droit naturel, par J. Burlamaqui. Nouvelle édition. *Paris, Guillaume junior,* 1791 ; in-8, veau racine, dos orné (*Rel. anc.*). 5 fr.

Achat de Bibliothèques

2033. Buvard du XVIIe siècle, in-4, en maroquin rouge, orné d'une jolie dentelle à petits fers et d'une guirlande de fleurs dans chacun des angles des plats. (*Rel. anc.*). 150 fr.

Haut. : 315 mm. Larg. : 250 mm.

2034. Byron (Lord). Le Pélerinage de Childe-Harold, poème chevaleresque traduit en vers français par G. Pauthier. *Paris, Canel, 1830*; demi-rel. veau fauve. 3 fr.

2035. Cabanel (Alex.). Les Mois. Cartons des peintures de l'ancien Hôtel-de-Ville. *Paris, E. Testard, s. d.*; in-folio en carton. 40 fr.

12 planches gravées au burin par A. Jacquet, tirées sur PAPIER DE CHINE appliqué.
Publié à 120 fr.

2036. Cabinet (Le) du Roy de France, dans lequel il y a trois perles precieuses d'inestimable valeur. *S. l., 1582*; pet. in-8, basane verte, dos orné, dent., tr. dor. (*Rel. anc.*). 30 fr.

Traité attribué à Nicolas Barnaud et à Froumenteau.

2037. Cabinet satyrique ou recueil parfaict des vers piquans et gaillards de ce temps tiré des secrets cabinets des sieurs de Sigogne, Regnier, Motin, Berthelot, Maynard, et autres. *Gand et Paris, Claudin, 1859*; 3 tomes en 2 vol. in-12, demi-rel. veau fauve, dos orné, tête dor., *non rognés*. 40 fr.

Rare.

2038. Cambry. Monumens celtiques ou recherches sur le culte des pierres, précédées d'une étude sur les celtes et sur les druides. *Paris, Johanneau, 1805*; in-8, bas. 8 fr.

5 grandes planches repliées gravées en taille-douce.

2039. Campan (Mme). Mémoires sur la vie privée de Marie-Antoinette, reine de France et de Navarre; suivis de souvenirs et anecdotes historiques sur les règnes de Louis XIV, de Louis XV et de Louis XVI. *Paris, Mongie et Baudouin, 1823*; 3 vol. in-8, portr., demi-rel. bas. 15 fr.

2040. Carderera y Solano. Iconografia española. Colleccion de retratos, estatuas, mausoleos y demas monumentos ineditos de reyes, reinas, **grandes capitanes**, escritores, etc., desde el siglo xi, hasta el xvii, copiados de los originales por D. Valentin Carderera y Solano. Con texto biografico y descriptivo, en español y francés, por el mismo autor. *Madrid, impr. de Don Ramon Campulano, 1855-1864*; 2 vol. in-fol., demi-rel. dos et coins veau, fil., tête dor. 170 fr.

Nombreuses planches en lithographie.

2041. Cartari (Vincenzo). Le Imagini dei Dei de gli antichi, nelle quali si contengono gl' Idoli, riti, ceremonie e altre cose appartenenti, alla religione de gli antichi. Raccolte dal sig. Vincenzo Cartari. *Lione, Barth. Honorati, 1581*; in-8, mar. rouge jans., tête dor., *non rogné (Darlaud)* 30 fr.

Curieuses figures sur bois.

2042. Catalogue de dessins et aquarelles modernes par Delacroix, Dauzats, Bellangé, Boulanger, Cham, Francia, Jacque, etc., formant la collection d'un amateur. *Paris, 1874*; in-8, en feuilles. 4 fr.

Papier vergé. 26 photographies.

2043. Catrou (François). Histoire générale de l'Empire du Mogol depuis sa fondation. Sur les mémoires portugais de M. Manouchi, vénitien. Par le Père François Catrou, de la compagnie de Jésus. *Paris, Jean de Nully, 1705*; in-4, carte, mar. rouge, dos orné, fil., tr. dor. (*Rel. anc.*) 275 fr.

Bel exemplaire dans une reliure très bien conservée aux armes de LOUIS, dauphin de France.

2044. Catullus, Tibullus et **Propertius**, et quæ sub Galli nomine circumferuntur; cum selectis variorum commentariis. Accurante Simone abbes Gabbema. *Trajecti ad Rhenum typis Gisberti à Zijll, et Theodori ab Ackersdijch, 1659*; un tome en 2 vol. pet. in-8, mar. bleu, dos orné, fil., tr. dor. (*Rel. anc.*) 1,800 fr.

Très bel exemplaire de LONGEPIERRE, avec la Toison d'or sur le dos et les plats de la reliure.

2045. Cazotte (Jacques). Œuvres badines et morales, historiques et philosophiques. *Paris, Bastien, 1817*; 4 vol. in-8, cart. toile, *non rognés*. 35 fr.

Cette édition, illustrée de figures en

taille-douce, renferme la suite des gravure s attribuées à *Moreau* pour le Diable amoureux.

2046. Cazotte (Jacques). Ollivier, poème en prose. *Paris, Didot l'aîné (Bleuet)*, 1798 ; 2 vol. pet. in-12, veau.   25 fr.

    12 figures par *Lefèvre*, gravées par *Godefroy*.

2047. Ceillier (Dom). Histoire générale des auteurs sacrés et ecclésiastiques. *Paris.* 1729-1763 ; 23 vol. in-4, veau.   70 fr.

    Ouvrage très estimé et dont les exemplaires sont devenus rares. — La table manque.

2048. Cérémonies des gages de Bataille selon les constitutions du bon roi Philippe de France, représentées en 11 figures. *Paris, Impr. Crapelet,* 1830; gr. in-8, br.   10 fr.

    De la collection Crapelet.

2049. Cervantès. Histoire de l'admirable Don Quichotte de la Manche. *Amsterdam, P. Mortier,* 1696; 5 vol. pet. in-12, fig., mar. orange, dos orné, fil., tr. dor. (*Belz-Niedrée*).   170 fr.

    Jolie petite édition recherchée et rare, ornée de frontispices et de figures gravées en taille-douce.
    Bel exemplaire.

2050. Chambray. Idée de la perfection de la peinture demonstrée par les principes de l'art et par des exemples, par Roland Freart, sieur de Chambray. *Au Mans, impr. Jacq. Ysambart,* 1662 ; 2 tomes en un vol. in-4, vélin brun.   10 fr.

    Figures démonstratives dans le texte. Raccommodage au titre.

2051. Champfleury. Recherches sur les origines et les variations de la légende du Bonhomme Misère. *Paris, Poulet-Malassis,* 1861 ; in-8, br.   10 fr.
    Rare.

2052. Champier (Victor). L'Année artistique, l'administration, les musées, les écoles, le salon annuel, l'exposition universelle, les ventes de l'hôtel Drouot, l'art en province, l'art à l'étranger, bibliographie et nécrologie, documents officiels. Année 1878. *Paris, Quantin,* 1879 ; in-8, br.   3 fr.

2053. Charles IX. Livre du roy Charles de la Chasse du cerf, publié pour la première fois par Henri

Chevreul. *Paris, Aug. Aubry,* 1859 ; pet. in-8, br.   4 fr.

    PAPIER VERGÉ tiré à 200 exemplaires.

2054. Charras (le lieut.-colonel). Histoire de la Campagne de 1815. Waterloo. Sixième édition. *Paris, Armand le Chevalier,* 1869 ; 2 vol. in-8, br.   3 fr.

    L'atlas manque.

2055. Charron (Pierre). De la Sagesse. *Paris, J.-F. Bastien,* 1783; in-8, portr. et front., veau, dos orné à la grotesque, tr. rouge (*Rel. anc.*)   6 fr.

2056. Chefs-d'œuvre dramatiques du XVIIIe siècle, ou choix des pièces les plus remarquables de Regnard, Lesage, Destouches, Beaumarchais, Marivaux, etc., etc. Edition précédée d'une préface, d'une introduction et d'une notice sur chaque auteur, par Jules Janin. *Paris, Laplace Sanchez,* 1872 ; gr. in-8, en feuilles.   25 fr.

    20 figures dessinées par *Geffroy*, tirées en couleur sur vélin et en noir sur Chine appliqué.
    Exemplaire en GRAND PAPIER VERGÉ.

2057. Chérest (Aimé). La Chute de l'ancien Régime (1787-1789). *Paris, Hachette,* 1884; 2 vol. in-8, br. 7 fr.

    Le troisième volume manque.

2058. Chevigny et de Limiers. La Science des personnes de cour, d'épée et de robe, revue corrigée et augmentée par P. Massuet. *Amsterdam,* 1752-1757 ; 18 vol. in-12, fig., br.   60 fr.

    Cet ouvrage, renfermant de nombreuses gravures, traite, entre autres matières, de l'art héraldique, de l'escrime, de l'équitation, de l'art militaire, de la marine, etc.

2059. Chevillard. Empereurs et Impératrices d'Occident. *Paris, Chevillard* (vers 1720); pet. in-fol., cart.   25 fr.

    Recueil des armoiries gravées en taille-douce, montées sur feuillets, de tous les empereurs et impératrices d'Allemagne, depuis Charlemagne (800) jusqu'à Charles VI (1711).

2060. Choiseul. Mémoires de M. le duc de Choiseul, ancien ministre de la marine, de la guerre et des affaires étrangères écrits par lui-même et imprimés sous ses yeux à

Chanteloup. *Chanteloup et Paris,*
1790 ; 2 vol. in-8, veau.   6 fr.

Ces mémoires ont été désavoués par la
famille du duc.

2061. **Chorier**. Joannis Meursii Elegantiæ latini sermonis seu Aloisia
Sigœa Toletana de arcanis Amoris
et Veneris. Adjunctis quibusdam
eroticis. *Lugd. Batavorum ex typis
elzevirianis (Parisiis, Coustellier),*
1757; 2 part. en un vol. in-8, front.,
veau, fil., tr. dor. (*Rel. anc.*). 30 fr.

Cette édition, donnée par Moet, se recom-
mande par les petites pièces latines pla-
cées à la fin de la seconde partie. Quelques-
unes sont du XVIII° siècle.

2062. **Chorier**. Aloisiæ Sigeæ Tole-
tanæ Satyra Sotadica de Arcanis
Amoris et Veneris. Aloisia Hispa-
nice scripsit, Latinitate donavit
Joannes Meursius (re vera auctore
Nicolao Chorier). *Parisiis, Is. Liseux,* 1885 ; in-16, br.   6 fr.

Ce livre, dont il a été fait d'innombrables
éditions sous le titre de *Joannis Meursii
Elegantiæ Latini sermonis,* est en réalité
l'œuvre d'un jurisconsulte français du
XVIII° siècle, Nicolas Chorier : un écrivain
nourri du plus pur miel de l'Antiquité ; le
dernier Classique latin, comme Bossuet le
dernier Père de l'Eglise. Déjà, il y a près d'un
siècle et demi, les éditeurs de la Collection
Barbou lui assignaient une place, entre
Virgile et l'*Imitation de Jésus-Christ.*
Les Latinistes contemporains seront heu-
reux de le retrouver ici, dans une édition
plus correcte et plus lisible qu'aucune de
ses devancières.

2063. **Chronique** (La) scandaleuse,
ou Mémoires pour servir à l'histoire de la génération présente. *Paris,
dans un coin où l'on voit tout,*
1785-1791 ; 5 tomes en 3 vol. in-12,
demi-rel. bas.   35 fr.

Rare collection d'anecdotes délicates
rédigées par G. Imbert et autres.

2064. **Cicéron**. Opera, cum optimis
exemplaribus accurate collata. *Lugd.
Batavorum, ex officina Elzeviria-
na,* 1642 ; 10 vol. pet. in-12, portr.,
mar. rouge, dos orné, fil., tr. dor.
(*Rel. anc.*).   100 fr.

Haut. : 125 mm.

2065. **Clarac** (le Comte de). Musée de
sculpture antique et moderne ou
description historique et graphique
du Louvre et de toutes ses parties,
des statues, bustes, bas-reliefs et
inscriptions du musée royal, des
Antiques et des Tuileries. Accompagnée d'une Iconographie égyptien-
ne, grecque et romaine. *Paris,
Victor Texier,* 1826-1853 ; 6 vol.
gr. in-8, et 6 vol. oblong de pl.,
demi-rel. mar. rouge, tête dor., non
rognés.   250 fr.

Exemplaire renfermant 1186 planches.

2066. **Clovis**. Poëme (par Ignace
Franç. de Limojon de Saint-Didier).
Paris, Pissot, 1725 ; in-8, veau, dos
orné (*Rel. anc.*).   8 fr.

Aux armes du duc de LUYNES.

2067. **Cohen** (Henry). Guide de l'A-
mateur de Livres à figures et à
vignettes du XVIII° siècle. Troisième édition, entièrement refondue
par Charles Mehl. *Paris, Rouquette,*
1876 ; in-8, demi-rel. chagr. rouge,
tête dor., non rogné.   25 fr.

2068. **Collection** des anciens Poëtes français. *Paris, Coustelier,* 1723-
1724 ; 10 vol. in-12, veau marbré.
          50 fr.

Poésies de Coquillart. — Poésies de G.
Crétin. — Poésies de G. Marot. — Œuvres
de Villon. — Légendes de maistre Pierre
Faifeu. — La Farce de maistre Patelin. —
Œuvres de Racan, 2 vol. — Poésies de
Martial de Paris, dit d'Auvergne, 2 vol.

2069. **Collection** des Mémoires relatifs à l'histoire de France, depuis
la fondation de la monarchie française jusqu'au XIII° siècle ; avec
une introduction, des notices et
des notes par M. Guizot. *Paris,
Brière,* 1823-1835 ; 31 vol. in-8,
demi-rel. veau fauve, tr. marbrée.
          125 fr.

Le volume d'Introduction et le volume
de Table sont *brochés.*

2070. **Collection complète des
Tableaux historiques** de la
Révolution française. *Paris, Auber
(imprimé par Didot aîné), an X,*
1802 ; 3 vol. in-fol., pl. et portr.,
demi-rel. veau fauve, dos orné,
non rognés (*Rel. anc.*).   450 fr.

Un des ouvrages les plus remarquables
de la Révolution française, publié, dans
cette édition, avec le texte de l'abbé Fau-
chet et de Chamfort, revu et expurgé par
Guingené et Pagès.
Il est illustré en totalité de 213 planches,
qui en font un des documents les plus con-
sultés, par la précision et l'exactitude avec
lesquelles les évènements les plus marquants de cette époque ont été rendus. Ces
planches dues aux meilleurs artistes de la
fin du XVIII° siècle, comprennent : 3 frontispices de *Fragonard fils,* gravés par *Malapeau* et *Copia ;* 144 planches de scènes
et de batailles dessinées par *Delvaux,
Duplessi-Bertaux, Fragonard fils, Girar-*

Et de Livres anciens et modernes

det, *Meunier, Ozanne, Prieur, Swebach-Desfontaines* et *Veny*, gravées par *Berthault, Choffart, Coiny, Desault, Duparc, Duplessi-Bertaux, Dupréel, Girardet, Lépine, Le Gouaz, Malapeau, Niquet* et *Pélicier*; et 66 portraits-médaillons gravés d'après *Levacher*, par *Chinard, Girard* et *Mme Lebrun*, avec autant de scènes de la vie des personnages représentés, dues au crayon et au burin délicat de *Duplessi-Bertaux*.

Très bel exemplaire entièrement NON ROGNÉ.

2071. **Collection** des tableaux historiques de la Révolution française en trois volumes : le premier contenant les quatre-vingts premiers discours et gravures depuis le serment de l'Assemblée nationale dans le Jeu de Paume à Versailles le 20 juin 1789 jusqu'aux journées du 31 mai, 1er et 2 juin 1793. Le second contenant les discours et gravures suivants jusques et compris le tableau de la paix générale. *Paris, de l'impr. de P. Didot*, 1798 ; 3 vol. in-fol., cart. *non rognés.* 150 fr.

Un des ouvrages les plus remarquables sur la Révolution française par la précision et l'exactitude avec lesquels les événements de cette époque ont été rendus.
Exemplaire de PREMIER TIRAGE contenant 144 gravures de *Duplessi-Bertaux, Girardet, Prieur*, etc.

2072. **Commines.** Les Mémoires de Messire Philippe de Commines, sr d'Argenton. Dernière édition. *Leide, les Elzeviers*, 1648 ; pet. in-12, titre gravé, mar. bleu, fil. à froid, tr. dor. (*Lortic*). 110 fr.

Jolie édition, admirablement exécutée et fort recherchée (Willems, *les Elzeviers*, n° 634).
Bel exemplaire. Haut. 136 mm.

2073. **Commines.** Mémoires contenant l'histoire des Roys Louis XI et Charles VIII depuis l'an 1464 jusques en 1498. *Paris, impr. royale*, 1649 ; in-fol., mar. rouge, dos orné, fil., tr. dor. 45 fr.

Reliure aux armes du maréchal duc de la MEILLERAYE. — Mouillures.

2074. **Concours décennal**, ou collection gravée des ouvrages de peinture, sculpture, architecture et médailles mentionnés dans le rapport de l'Institut. *Paris, Filhol et Bourdon*, 1812 ; in-4, demi-rel. veau, *non rogné*. 30 fr.

30 belles planches gravées au burin, avec texte explicatif.

2075. **Contes en vers** imités du Moyen de Parvenir, par Autreau, Dorat, Grécourt, La Fontaine, La Monnoye, Plancher de Valcour, Regnier, Vergier, etc. Avec les imitations de M. le comte de Chevigné et d'Epiphane Sidredoulx. Publiés par un membre de la Société des bibliophiles gaulois. *Paris, L. Willem*, 1874 ; in-8, fig., cart. toile, *non rognés.* 10 fr.

Ce livre, publié comme suite au Moyen de Parvenir, n'a été tiré qu'à 500 exemplaires, tous sur PAPIER VERGÉ.

2076. **Coppée** (François). Œuvres. *Paris, Alph. Lemerre, s. d.* ; 11 vol. pet. in-12, br. 30 fr.

Poésies, 4 vol. *(le tome III manque).* — Théâtre, 4 vol. — Une Idylle pendant le siège ; Contes en prose. — Contes rapides; Henriette. — Vingt contes nouveaux.

2077. **Corneille.** L'Imitation de Jésus-Christ. Traduite et paraphrasée en vers françois, par P. Corneille. *Rouen, Maurry*, 1656 ; in-4, front., veau. 30 fr.

PREMIÈRE ÉDITION de la traduction des quatre livres de l'Imitation.

2078. **Corneille** (Pierre). Le Théâtre de P. Corneille. Reveu et corrigé par l'autheur. *Imprimé à Rouen et se vend à Paris, chez Th. Jolly*, 1664; 2 vol. in-fol., portr. et front. gravé, mar. rouge, dos orné, fil., comp., tr. dor. 300 fr.

Édition dont le texte a été revu par Corneille pour la 3° fois. Exemplaire provenant de la bibliothèque de M. Ambroise DIDOT. Très bel exemplaire avec témoins.

2079. **Corneille.** Théâtre de Pierre et de Thomas Corneille. Nouvelle édition, corrigée et augmentée de ses œuvres diverses. *Amsterdam, Zacharie Chatelain*, 1740 ; 11 vol. pet. in-12, veau. 30 fr.

Portraits et figures gravés pour chaque pièce.

2080. **Cosnac** (Gabriel-Jules de). Souvenirs du règne de Louis XIV. *Paris, Renouard*, 1866-1882 ; 8 vol. in-8, br. 35 fr.

2081. **Courses** de testes et de bague, faites par le Roy et par les princes et seigneurs de sa Cour, en l'année 1662. *Paris, impr. royale*, 1670 ; in-fol., front. et pl., vélin. 150 fr.

Cette relation, rédigée par Charles Perrault et Esprit Fléchier, est ornée d'un

Achat de Bibliothèques

frontispice contenant un beau portrait en buste de Louis XIV et de 96 compositions, réparties sur 17 planches, gravées par *Chauveau, Israël Silvestre*, etc.

Exemplaire du PREMIER TIRAGE ; mouillures dans la marge supérieure du volume.

2082. Cousin (Jean). La Vraye Science de la Pourtraicture descrite et demonstrée par maistre Jean Cousin representant par une facile instruction plusieurs plans et figures de toutes les parties séparées du corps humain. *Paris, Guill. le Bé,* 1647 ; in-4 oblong, demi-rel. veau. 25 fr.

Cet ouvrage classique comprend un titre et 36 planches gravées sur bois. — Mouillures.

2083. Cousin (Le) de Mahomet. (Par Fromaget). *Constantinople (Paris),* 1781 ; 2 vol. pet. in-12, fig., br. 8 fr.

5 figures non signées.

2084. Coutel. Promenades de messire Antoine Coutel, chevalier, seigneur de Monteaux, des Duez, Fouynais, etc. *Blois, A. Moette, s. d. ; (vers* 1661) ; pet. in-8, veau fauve, dos orné, tr. rouge. 70 fr.

Viollet-le-Duc a donné dans la Bibliothèque poétique une notice curieuse sur ce recueil qu'il dit fort rare.

2085. Cuneus et **Basnage.** La République des Hebreux, où l'on voit l'origine de ce peuple, ses loix, sa religion, son gouvernement tant ecclésiastique que politique ; ses cérémonies, ses coutumes, ses progrez, ses révolutions, sa décadence et enfin sa ruine. *Amsterdam, P. Mortier,* 1705 ; 3 vol. — Antiquitez judaïques, ou remarques critiques sur la République des Hebreux. *Amsterdam, Châtelain,* 1713 ; 2 vol. Ens. 5 vol. in-12, mar. rouge, dos orné, fil., tr. dor. (*Rel. anc.*). 100 fr.

Nombreuses planches et cartes. Très bel exemplaire dans une reliure ancienne très fraîche.

2086. Danet. L'Art des Armes ou la manière la plus certaine de se servir utilement de l'Epée, soit pour attaquer, soit pour se défendre. *Paris, Hérissant,* 1766 ; in-8, veau marbré, dos orné (*Rel. anc.*). 35 fr.

33 planches gravées sur cuivre par *Taraval* d'après *Vaxcillière.*

2087. Dantan jeune. Musée Dantan. Galerie des charges et croquis des célébrités de l'époque. (Avec texte explicatif et bibliographique. *Paris,*

Delloye, 1839 ; in-8, demi-rel. chagr. vert, dos orné, tr. dor. 15 fr.

100 portraits donnant les curieuses charges des personnages célèbre du temps de Louis-Philippe, avec autant de notices. — Fortes mouillures.

2088. Dante. La divina Commedia di Dante Alighieri con illustrazioni. *Pisa, dalla tipografia della società letteraria,* 1804-1809 ; 4 vol. in-fol., cart., *non rognés.* 50 fr.

Cette très belle édition ne fut tirée qu'à 250 exemplaires ; elle est illustrée de 2 portraits par *Morghen* et de 3 planches par *Bettelini.* Exemplaire entièrement non rogné.

2089. Decaisne. Le Jardin fruitier du Muséum, ou Iconographie descriptive des différentes espèces et variétés d'arbres fruitiers cultivés dans cet établissement, avec la description de leurs caractères, leur synonymie, etc. *Paris, Didot,* 1871-1872 ; 9 vol. in-4, demi-rel. dos et coins de chagrin brun, tête dor., *non rognés.* 300 fr.

Nombreuses planches en noir et coloriées montées sur onglets. Bel exemplaire. Publié à 600 fr.

2090. Decloux et **Doury.** Histoire archéologique, descriptive et graphique de la Sainte-Chapelle du Palais. Rédigée, dessiné, peinte et publiée par Delcoux et Doury. *Paris, Félix Malteste,* 1857 ; pet. in-fol., chagrin vert, dos orné, comp. dor. et à froid, tr. dor. 50 fr.

Belle monographie orné de 25 planches dont 20 en chromolithographie.

2091. Delandine (Ant.-Fr.). Histoire abrégée de l'imprimerie ou précis sur son origine, son établissement en France, etc... *Paris, Renouard, s. d.* (1810) ; in-8, br. 3 fr.

Envoi d'auteur.

2092. Delavigne (Casimir). Marino Faliero, représenté pour la première fois sur le théâtre de la Porte Saint-Martin, le 30 mai 1829. *Paris, Ladvocat,* 1829 ; in-8, br., couv. 20 fr.

Bel exemplaire de l'ÉDITION ORIGINALE.

2093. Della Bella. Jeu des Fables. — Cartes des Rois de France. *Paris,* 1646 ; pet. in-8, veau. 80 fr.

Charmant petit recueil formé de deux suites : *Fables.* Titre et 52 pièces. — *Rois.* Titre et 39 pièces. Ensemble 93 pièces gravées à l'eau-forte par *Etienne Della Belle*. Les titres ont été remargés dans le bas : le nom de l'éditeur a été aussi enlevé.

2094. Delord (Taxile). Histoire du second Empire. *Paris, Germer Baillière*, 1869-1870 ; 2 vol. in-8, br. 5 fr.

 Tomes I et II (sur 6).

2095. Démonstrations élémentaires de Botanique (par l'abbé Fr. Rozier et Ant.-Louis Claret de la Tourette). *Lyon, Bruyset aîné*, 1796 ; 2 vol. in-4, veau racine, dos orné. (*Rel. anc.*). 25 fr.

 Les 2 volumes de planches en taille-douce seuls comprenant 525 planches.

2096. Deniau (l'abbé). Histoire de la Vendée, d'après des documents nouveaux et inédits. *Angers, La Chèse et Dolbeau* (1878-1883) ; 6 vol. in-8, br. 25 fr.

2097. Denon (Vivant). Monuments des arts du dessin chez les peuples tant anciens que modernes pour servir à l'histoire des arts décrits et expliqués, par Amaury-Duval. *Paris, Brunet-Denon*, 1829 ; 4 vol. in-fol., demi-rel. chagr. vert, *non rognés*. 250 fr.

 315 planches.

2098. Denon (Vivant). L'Œuvre originale. Collection de 317 eaux-fortes dessinées et gravées par ce célèbre artiste, réunion formant l'album le plus complet et le plus varié pour l'étude de la gravure à l'eau-forte. Avec une notice sur sa vie intime, ses relations et son œuvre, par M. Albert de la Fizelière. *Paris, A. Barraud*, 1873 ; 2 vol. gr. in-fol., demi-rel. chagr. brun, *non rognés*. 120 fr.

 L'un des 48 exemplaires en GRAND PAPIER, contenant le Musée secret.

2099. Descamps. La Vie des Peintres flamands, allemands et hollandois avec des portraits gravés en taille-douce. *Paris, Desaint et Saillant*, 1753-1764 ; 4 vol. in-8, *brochés*. 40 fr.

 168 portraits gravés par *Ficquet, Gaillard, Legrand, Sornique*, etc.

2100. Desjardins (Abel). La Vie et l'Œuvre de Jean Bologne, par Abel Desjardins, doyen de la faculté des lettres de Douai. *Paris, Quantin, s. d.* ; in-fol., cart. 45 fr.

 Le nom de Jean Bologne est justement

célèbre, mais son œuvre est peu connue. D'habiles réductions ont assuré une sorte de popularité à la statue du Mercure volant et au groupe de l'enlèvement de la Sabine ; le reste de l'œuvre du grand sculpteur est à peu près ignoré en France.

 Bel exemplaire sur PAPIER VÉLIN, orné de 22 eaux-fortes et d'un grand nombre de gravures insérées dans le texte. Ouvrage publié à 100 francs.

2101. Desnoyers (Fernand). Le Théâtre de Polichinelle, prologue en vers pour l'ouverture du théâtre des marionnettes dans le jardin des Tuileries. 1861. *Paris, Poulet-Malassis et de Broise*, 1861 ; pet. in-8 carré, br., couv. ill. 4 fr.

2102. Desormeaux. Histoire de la maison de Bourbon, par M. Desormeaux. *Paris, de l'impr. royale*, 1772-1788 ; 5 vol. in-4, front. et fig., veau marbré, fil., tr. dor. (*Rel. anc.*) 120 fr.

 Un des ouvrages les mieux illustrés du siècle dernier : 1 frontispice par *Boucher*, 1 fleuron de dédicace, 5 fleurons sur les titres et 21 culs-de-lampe par *Choffard*, 14 portraits par *Fragonard, Le Monnier* et *Vincent*, et 21 vignettes en-têtes par *Moreau*. Mouillures.

2103. Destouches (Néricault). Le Philosophe marié, ou le mary honteux de l'être, comédie en vers en cinq actes. *Paris, Fr. le Breton*, 1727 ; in-8, mar. rouge, dos orné, fil., tr. dor. (*Rel. anc.*) 5 fr.

 ÉDITION ORIGINALE. Reliure fatiguée.

2104. Detaille (Ed.). Types et uniformes de l'armée française. Texte par J. Richard. *Paris, Boussod et Valadon*, 1885-1889 ; 16 livraisons in-fol. 450 fr.

 Magnifique publication de grand luxe ornée de très belles illustrations par *E. Detaille*, comprenant 64 estampes hors texte, tirées en couleurs, et de nombreuses figures dans le texte.

2105. Diderot. Œuvres complètes de Didot, revues sur les éditions originales. *Paris, Garnier*, 1875-1877 ; 20 vol. — Correspondance littéraire, philosophique et critique, par Grimm, Diderot, Raynal, Meister, etc. Revue sur les textes originaux. *Paris, Garnier*, 1877-1882 ; 16 vol. Ens. 36 vol. in-8, *brochés*. 115 fr.

2106. Dolet. Étienne Dolet, le martyr de la Renaissance, sa vie et sa mort, ouvrage traduit de l'Anglais sous la direction de l'auteur Richard Copley Christie par Casimir

Stryienski. *Paris, Fisbacher,* 1886 ;
in-8, br. 5 fr.
> État de neuf, publié à 15 francs.

2107. **Dornis** (Jean). Leconte de Lisle
intime. *Paris, Alph. Lemerre,* 1895 ;
in-8, portr., br. 2 fr.

2108. **Dourry Efendy.** Relation de
Dourry Efendy, ambassadeur de la
Porte othomane auprès du roi de
Perse, traduite du turk, et suivie de
l'extrait des voyages de Pétis de la
Croix, rédigé par lui-même. *Paris,
Ferra,* 1810 ; in-8, cart. 4 fr.
> On a relié à la suite : Du Bosphore de
> Thrace, extrait d'un ms. de C. L. Adanson.

2109. **Drumond de Melfort.** Traité
sur la Cavalerie. *Paris,* 1776 ; 2 vol.
in-fol., veau. 130 fr.
> Le 1ᵉʳ volume contenant 11 fig., a été
> relié anciennement en veau et le 2ᵉ, avec
> 32 pl. doubles, montées sur onglets et
> pliées, est dans une demi-rel. veau fauve.

2110. **Du Bartas.** Les Œuvres poétiques, de G. de Saluste, seigneur
du Bartas, prince des poëtes françois. En cette nouvelle édition est
contenu tout ce qu'a esté mis en
lumiere dudit auteur, tant avant
qu'après sa mort. Le tout reveu et
augmenté avec argumens nouveaux.
Rouen, Jacq. Cailloué, 1623 ; pet.
in-12, mar. rouge, dos orné, fil.,
tr. dor. 70 fr.
> Jolie édition, l'une des plus complètes des
> œuvres de cet auteur.

2111. **Du Camp** (Maxime). Les
Convulsions de Paris. *Paris, Hachette,* 1878-1879 ; 3 vol. in-8, br. 12 fr.
> Tomes I, II et III ; le IVᵉ manque.

2112. **Du Cange.** Glossarium me-
diæ et infimæ latinitatis conditum
a Carolo du Fresne, domino du Cange
auctum a monachis ord. S. Bene-
dicti, cum supplementis integris
D. P. Carpenterii adelungii, aliorum, suisque digessit G. A. L.
Henschel. Editio nova aucta plu-
ribus verbis aliorum scriptorum a
Léopold Favre. *Niort, L. Favre,*
1883-1887 ; 10 vol. in-4, br. 200 fr.
> Ouvrage le plus important pour l'étude de
> la langue de la basse latinité ; il est resté et
> restera le modèle du genre.

2113. **Du Chatellier** (A.). Admi-
nistrations collectives de France
avant et depuis 89. *Paris, Guillau-
min,* 1870 ; in-8, br. 4 fr.

2114. **Duclos.** Les Confessions du
comte de *** écrites par lui-même à
un ami. Sixième édition. *Amsterdam et Paris, Nyon,* 1783 ; in-8,
veau, dos orné, fil. (*Rel. anc.*) 70 fr.
> 7 figures de *Derais,* gravées par *Delau-
> nay, Trière, Voyard* et Mᵐᵉˢ *Lingée, J.
> Deny* et *Ponce.*

2115. **Duflos** le jeune. Recueil d'Estampes représentant les grades, les
rangs et les dignités, suivant le
costume de toutes les nations exis-
tantes. *Paris, Duflos,* 1780 ; in-fol.,
veau fauve. 600 fr.
> 224 planches (sur 264) gravées à l'eau-
> forte par *Duflos* très finement coloriées et
> rehaussées d'or.

2116. **Du Guay-Trouin.** Vie de
M. du Guay Trouin, écrite de sa
main et dont il a fait présent, lui-
même, à la famille de MM. de La-
mothe à Brest. *Paris, Jouvet,* 1884 ;
in-8, br. 4 fr.
> Portrait, fac-similé d'écriture et carte.

2117. **Dulaure.** Des Divinités géné-
ratrices, ou du culte du Phallus,
chez les anciens et les modernes.
Paris, Liseux, 1885 ; in-8, br. 10 fr.

2118. **Dulaurens** (l'abbé). Le Com-
père Mathieu ou les Bigarrures de
l'esprit humain. Nouvelle édition.
Londres, 1777 ; 3 vol. in-12, mar.
rouge jans., tr. dor. (*Belz-Niedrée*)
50 fr.
> Bel exemplaire. Ce roman, qui contient
> une philosophie très hardie pour notre épo-
> que, fut condamné sous le second Empire
> comme outrageant la morale publique et
> religieuse.

2119. **Dumesnil** (Alexis). Le Règne
de Louis XI et de l'influence qu'il
a eue jusque sur les derniers temps
de la troisième dynastie. *Paris, Maradan,* 1811 ; in-8, cart., *non rog.* 4 fr.
> PAPIER VÉLIN.

2120. **Dumont d'Urville.** Voyage
autour du monde. Résumé général
des voyages de decouvertes. *Paris,
Tenré,* 1834-1835 ; 2 vol. in-4 à 2
col., demi-rel. veau vert. 8 fr.
> Portraits, cartes et figures sur cuivre.

2121. **Dumortous.** Histoire des
conquêtes de Louis XV, tant en
Flandre que sur le Rhin, en Allemagne et en Italie, depuis 1744
jusques à la paix conclue en 1748.
Ouvrage enrichi d'estampes. *Paris,*

de Lormel, 1759 ; in-fol., veau marbré.   60 fr.

Portrait de Louis XV, frontispice par *Boucher*, gravé par *Lempereur*, fleurons, vignettes et figures dessinées par *Eisen*.

2122. **Dunker.** Esquisses pour les artistes et amateurs des arts sur Paris. 96 figures gravées à l'eau-forte dont l'explication se trouve dans le Tableau de Paris, par Mercier (*Yverdon*, 1785) ; in-4, cart. (*Lemardeley*).   200 fr.

Très bel exemplaire de la suite, très rare, de *Dunker*, en épr. de PREMIER TIRAGE.

Recueil des plus intéressants pour l'histoire des mœurs et coutumes de Paris à la fin du XVIIIe siècle.

2123. **Dupin** (Ph.). Plaidoyer prononcé par Ph. Dupin pour la défense de M. le général de Rigny devant le conseil de guerre séant à Marseille le 1er juillet 1837. *S. l. n. d.* (*Paris*, 1837); in-8, cart. 10fr.

Document intéressant sur la retraite de Constantine en novembre 1836.

2124. **Dutens.** Des Pierres précieuses et des pierres fines, avec les moyens de les connoître et de les évaluer. *Paris, Didot*, 1776 ; in-18, mar. citron jans., tr. dor. (*Thibaron-Joly*).   40 fr.

Charmant exemplaire de ce petit chef-d'œuvre d'impression. Nombreux témoins.

2125. **Duval** (Jacques). Traité des Hermaphrodits, parties génitales, accouchemens des femmes, etc., où sont expliquez la figure des laboureur et verger du genre humain, signes de pucelage, défloration, conception, et la belle industrie dont use Nature en la promotion du concept et plante prolifique, par Jacques Duval, Docteur et Professeur en Médecine, natif d'Evreux, demeurant à Rouen. Réimprimé sur l'édition unique (Rouen, 1612). *Paris*, 1880 ; in-8, br.   20 fr.

Ouvrage illustré de figures sur bois. Epuisé et devenu rare.

2126. **Emile.** Fragmens (par M. Emile de Girardin). *Paris, A. Desauge*, 1828 ; in-8, br., couv. 15 fr.

Ouvrage autobiographique.

2127. **Esprit** (L') du chevalier Folard, tiré de ses commentaires sur l'histoire de Polybe, pour l'usage d'un officier. De main de maître (Frédéric II, roi de Prusse). *Amsterdam, L. Chatelain et fils*, 1761 ; in-8, demi-rel. mar. vert, dos orné.   10 fr.

Planches gravées sur cuivre.

2128. **Essai** historique sur la vie de Marie-Antoinette, reine de France et de Navarre, orné de son portrait et rédigé sur plusieurs manuscrits de sa main. Seconde partie. *Versailles, chez la Montensier*, 1790 ; in-8, *broché*.   20 fr.

Un des violents pamphlets dirigés contre l'honneur de la Reine.

2129. **Estienne** (Henri). Apologie pour Hérodote, satire de la société au XVIe siècle. Nouvelle édition, faite sur la première et augmentée de remarques par P. Ristelhuber ; avec trois tables. *Paris*, 1879 ; 2 vol. pet. in-8, *brochés*.   20 fr.

Cette édition donne, pour la première fois, le texte complet de Henri Estienne, tel qu'il l'avait rédigé et imprimé avant la censure du Conseil de Genève. Ce texte n'existe que dans deux exemplaires de l'édition originale (1566) échappés à la Censure.

2130. **Estienne** (Henri). Deux Dialogues du langage françois italianizé et autrement déguiséz, principalement entre les courtisans de ce temps. Réimpression faite sur l'édition originale et unique de l'auteur (1578). *Paris, Liseux et Th. Belin*, 1883 ; 2 beaux vol. in-8 écu, brochés, papier de Hollande.   15 fr.

Cette réimpression a été superbement exécutée à tous les points de vue, elle n'a été tirée qu'à 350 exemplaires tous numérotés à la presse; elle est du même format que l'Apologie pour Hérodote, publiée en 1879 avec introduction et notes de M. P. Ristelhuber.

2131. **Eude-Dugaillon** (A.). Fiel et Miel. Poésies. *Paris, Paulin*, 1839 ; demi-rel. chagr. vert. 5 fr.

4 figures de *Grandville* et *Lewicki* tirées sur Chine. — Taches.

2132. **Exposition universelle** de 1889. Catalogue illustré des Beaux-Arts. 1789-1889. Publié sous la direction de F.-G. Dumas. *Lille, Danel, et Paris, Baschet*, 1889 ; in-8, br.   2 fr. 50

2133. **Fables** et Contes. *Paris, Duchesne*, 1754; in-12, demi-rel. veau.   10 fr.

Ce volume illustré d'un joli fleuron de titre et de 3 charmantes vignettes en-têtes par *Eisen*, renferme plusieurs pièces traduites par Boulanger de Rivery, principalement d'après Gellert.

2134. **Favre**. Les Quatre Heures de la Toilette des Dames, poëme érotique en quatre chants. *Paris, J.-F. Bastien*, 1779 ; gr. in-8, bas. 80 fr.

Un frontispice, une vignette en-tête, 4 figures et 4 culs-de-lampe par *Le Clerc*, gravés par *Arrivet, Halbou, Legrand, Leroy et Patas*.

2135. **Favre** (Mme Vve Jules). La Vérité sur les désastres de l'armée de l'Est et sur le désarmement de la garde nationale telle qu'elle ressort des dépêches officielles. *Paris, Plon et Nourrit*, 1883 ; in-8, broché. 2 fr.

2136. **Félibien** (Michel). Histoire de l'abbaye royale de Saint-Denis en France, contenant la vie des abbez qui l'ont gouvernée. *Paris, Léonard*, 1706 ; in-fol., veau. 25 fr.

. Figures dans le texte et hors texte.

2137. **Félibien** (Michel). Histoire de la ville de Paris, composée par D. Michel Félibien, reveue, augmentée et mise au jour par D. Guy-Alexis Lobineau, tous deux prêtres religieux bénédictins, de la congrégation de Saint-Maur. *Paris, Desprez et Desessartz*, 1725 ; 5 vol. in-fol., veau marbr., dos orné (*Rel. anc.*). 125 fr.

Très bel exemplaire en GRAND PAPIER, orné de nombreuses figures gravées en taille-douce, d'après *Chevetet*.

2138. **Félibien des Avaux**. Description de l'Eglise royale des Invalides (par Félibien des Avaux). *Paris (de l'impr. de J. Quillau)*, 1706 ; in-fol., pl., mar. rouge, dos orn., fil., tr. dor. (*Rel. anc.*). 200 fr.

Frontispice représentant les Invalides. Nombreux en-têtes, lettres ornées, culs-de-lampe, etc.

La table donne les noms des artistes employés à la construction de l'église et la nature de leurs travaux.

Rare exemplaire avec bordures gravées à chaque page. Aux armes de France.

2139. **Fénelon**. Les Aventures de Télémaque (*Paris*), *de l'impr. de Monsieur*, 1785 ; 2 vol. gr. in-4, fig., veau marbr., dos orné, tr. dor. (*Vellio*). 180 fr.

Exemplaire contenant la suite des figures de *Moitte* gravées au lavis par *Parisot*.

Aux armes du Marquis de VILLENEUVE-TRANS.

2140. **Fénelon**. Directions pour la conscience d'un Roi, composées pour l'instruction de Louis de France, duc de Bourgogne. *La Haye, Jean Neaulme*, 1747 ; in-8, veau fauve (*Rel. anc.*). 8 fr.

Bel exemplaire grand de marges.

2141. **Ferrand** (Antoine). Pièces libres de M. Ferrand et poésies de quelques autres auteurs sur divers sujets. *Londres, Godwin Harald*, 1744 ; in-12, bas. 20 fr.

Ce recueil contient outre les poésies très libres de Ferrand, le Luxurieux de Legrand, le Mondain de Voltaire, etc. (Voy. Bibl. de l'Amour, VI.59).

2142. **Ferrier** (Louis). Anne de Bretagne, reine de France, tragédie. *Paris, Jean Ribou*, 1679 ; in-12, bas. 10 fr.

EDITION ORIGINALE.

2143. **Fêtes et Courtisanes** de la Grèce. Supplément aux voyages d'Anacharsis et d'Antenor ; comprenant la chronique religieuse des anciens grecs ; la chronique qu'aucuns nommeront scandaleuse ; un almanach athénien ; la description des danses grecques (par J. B. P. Chaussard). *Paris*, 1821 ; 4 vol. in-8, br. 25 fr.

Figures en taille-douce.

2144. **Feuillet de Conches**. Louis XVI, Marie-Antoinette et Madame Elisabeth. *Paris, Henri Plon*, 1864-1869 ; 3 vol. in-8, br. 10 fr.

Tomes I, II et V seuls.

2145. **Fezensac**. Journal de la campagne de Russie en 1812, par M. de Fezensac, lieutenant général. *Paris, Gaillot*, 1850 ; in-8, carte, br. 4 fr.

2146. **Filhol**. Galerie du Musée de France, publiée par Filhol, graveur, et rédigée par Lavallée (Joseph), [et continuée par A. Jal]. *Paris, Filhol*, 1814-1828 ; 11 vol. in-8, demi-rel. dos et coins de mar. rouge, tête dor., *non rognés* (*David*). 300 fr.

Bel exemplaire comprenant 792 planches gravées au burin.

2147. **Folengo**. Histoire maccaronique de Merlin Coccaie, prototype de Rabelais. *Paris, Toussaincts du Bray*, 1606 ; 2 vol. in-12, veau fauve, dos orné (*Rel. anc.*). 8 fr.

Et de Livres anciens et modernes

2148. Forster (Charles de). Retour à l'ordre. Du Royaume à l'Empire. (1848-1852). Etudes politiques et philosophiques. *Paris, Didot,* 1864; in-8, br.   2 fr.

2149. Foudre (La), journal des nouvelles historiques, de la littérature, des spectacles, des arts et des modes, rédigé par une société de gens du monde et d'hommes de lettres. *Paris,* 1821-1823 ; 10 vol. in-8, cart.   70 fr.

> Collection complète de ce journal dont Charles Nodier fut l'un des principaux rédacteurs, et qui parut tous les 5 jours du 10 mai 1821 au 30 novembre 1823. Il est illustré de lithographies représentant : des costumes de l'époque, des pièces satiriques, des caricatures, etc. — Les titres des tomes VIII à X manquent.

2150. Fougeret de Montbron. Margot la Ravaudeuse. *S. l. (Paris, Poulet-Malassis),* 1868 ; in-12, demi-rel. mar. vert, tête dor., *non rogné.*   20 fr.

> Frontispice sur Chine de *F. Rops.*

2151. Fouquet (Procès de Nicolas). *Amsterdam, Daniel Elzevir,* 1665-1668 ; 15 vol. pet. in-12, veau fauve, dos orné, dent. à froid, tr. dor.   60 fr.

> Cette collection, imprimée par Daniel Elzevier d'Amsterdam, comprend : Recueil des défenses de M. Fouquet, 1665 ; 2 vol. — De la production de M. Fouquet contre celle de M. Talon. 1665 ; 3 tomes en 2 vol. — Réponse de M. Fouquet à la réplique de M. Tallon, 1665 ; 1 vol. — Production de M. Fouquet contre celle de M. Talon sur le fait de Belle-Isle, 1667 ; 1 vol. — Continuation de la production de M. Fouquet, pour servir de réponse à celle de M. Talon sur le prétendu crime d'Estat ; 2 vol. — Continuation de la production sur les procez verbaux, 1667 : 2 vol. — Inventaire des pièces baillées à la Chambre de justice par Nic. Fouquet, contre M. le procureur général, pour répondre à quelques procez verbaux par luy produits, 1667 ; 2 vol. — Factum de M. Fouquet, 1666 ; 2 part. en 1 vol. — Conclusion des défenses de M. Fouquet, 1668 ; 1 vol. — Observations sur un manuscrit intitulé Traité du Peculat, 1666 ; 1 vol.
> Bel exemplaire dans une jolie reliure. Haut. : 129 mm.

2152. Français (Les) peints par eux-mêmes. Encyclopédie morale du XIXe siècle. *Paris, Curmer,* 1843 ; 8 vol. in-8, demi-rel. chagr. noir. tête dor., éb., *non rognés.* 75 fr.

> Bel exemplaire orné de 400 planches hors texte et de nombreuses vignettes par *Pauquet, Gavarni, H. Monnier, Meissonier. Gagniet, Chorlet, Lami,* etc., gravés sur bois.

2153. Franklin (Alfred). La Sorbonne, ses origines, sa bibliothèque, les débuts de l'imprimerie à Paris et la succession de Richelieu d'après des documents inédits. Deuxième édition corrigée et augmentée. *Paris, Léon Willem,* 1875 ; pet. in-8, fig., br.   5 fr.

> Un des 25 exemplaires tirés sur PAPIER DE CHINE (n° 1).

2154. Frossard (Baronne). Souvenirs (1813-1884). *Paris, H. Gautier, s. d. ;* in-8, br.   3 fr.

> Epuisé.

2155. Frotet de la Landelle. Mémoires de Frotet de la Landelle sur les événements qui se sont passés dans la ville de Saint-Malo pendant les troubles de la Ligue. Ms. in-fol. de 354 ff., veau. 150 fr.

> Manuscrit des plus important pour l'histoire de Saint-Malo. L'auteur, ligueur zélé, après avoir exposé les origines de la ville dont il était un des habitants, relate tous les faits qui se sont passés dans la cité malouine pendant les guerres de religion et particulièrement, avec un plus grand détail, ceux qui se rapportent aux années comprises entre 1585 et 1591.
> D'après plusieurs notes placées sur la garde du volume, ce manuscrit serait resté *inédit* jusqu'à ce jour ; il aurait été copié en 1740 sur l'original, terminé en 1592, qui était alors entre les mains de M. de la Mabonnais-Gervais. Dom Taillandier le cite dans l'avertissement de son tome II de l'Histoire de Bretagne ainsi que le P. Lelong dans sa Bibliothèque historique de la France. Il provient en dernier lieu de la collection du comte de Corbière, ancien ministre de l'Intérieur sous la Restauration.
> Bien calligraphié sur papier fort, il est d'une conservation parfaite.

2156. Furet (Le) de la littérature, recueil contenant ce qu'il y a de plus agréable en anecdotes, faits historiques et contes, par le citoyen Duc…ly (Ducœur-Joly). *Paris, Debray,* 1802; in-12, front., bas. 5 fr.

> Recueil d'anecdotes curieuses et amusantes.

2157. Gaguin (Robert). L'Immaculée Conception de la Vierge Marie. poème de Robert Gaguin, docteur en Sorbonne, général des Mathurins (XVe siècle) ; suivi de Poésies diverses. Traduit pour la première fois, texte latin en regard, par Alcide Bonneau. *Paris,* 1885 ; pet. in-8, br.   6 fr.

> On se fait généralement une idée très vague du mystère de l'Immaculée Conception, que l'on confond souvent avec celui de l'Incarnation de Jésus, et même, ce qui

semble plus singulier, avec l'Assomption de la Vierge : ainsi le beau tableau de Murillo, au Louvre, est également connu sous le nom d'*Immaculée Conception* et sous celui d'*Assomption*. L'Immaculée Conception de la Vierge est son exemption du péché originel, à l'instant même de sa procréation par Anne et Joachim : question d'embryogénie sacrée des plus délicates, que les théologiens se contentent d'effleurer par discrétion, et que Robert Gaguin a seul traitée à fond, en entrant dans des détails physiologiques sans lesquels on ne saurait l'élucider.

2158. Gaimard (Paul). Voyages de la commission scientifique du Nord en Scandinavie, en Laponie, au Spitzberg et aux Feroë pendant les années 1838, 1839 et 1840 sur la corvette « La Recherche », commandée par M. Fabvre, lieutenant de vaisseau publiés par ordre du roi. *Paris, Arthus Bertrand,* 1842 ; 4 vol. in-8 de texte, demi-rel. veau et 2 vol. in-fol. de planches demi-rel. dos et coins de chagr. vert, tête dor., *non rognés.* 300 fr.

Très bel exemplaire en GRAND PAPIER, contenant 310 planches tirées sur papier de Chine, publié au prix de 2000 francs.

2159. Grimard (Paul). Voyages en Scandinavie, en Laponie, au Spitzberg et aux Feroé, publiés par ordre du roi. *Paris, Arthus Bertrand;* 2 vol. in-fol., demi-rel. chagrin rouge, *non rognés.* 120 fr.

310 planches.

2160. Galerie de l'Hermitage, gravée au trait d'après les plus beaux tableaux qui la composent. Avec la description historique par Camille de Genève. Ouvrage approuvé par S. M. Alexandre Ier et publié par F. X. Labensky. *Saint-Pétersbourg*, 1805-1809 ; 2 vol. in-4, mar. brun, dos orné, comp. dorés et à froid. 200 fr.

Portraits de Catherine II et d'Alexandre Ier ; 75 gravures au trait, avec texte explicatif en français, des tableaux de cette collection célèbre.
Bel exemplaire, imprimé sur PAPIER WHATMAN.

2161. Galerie des peintres Flamands. Hollandais et Allemands, gravée (de 1777 à 1792), sous la direction de M. Lebrun peintre. *Paris, l'auteur et Poignant; Amsterdam, Fouquet,* 1792 ; 3 vol. pet. in-fol., veau marbr..dent..tr.dor. 600 fr.

201 planches gravées par les plus habiles artistes de France, de Hollande et d'Allemagne. Splendides épreuves.

2162. Galerie du Palais-Royal, gravée d'après les Tableaux des différentes Écoles qui le composent. Avec un Abrégé de la Vie des Peintres et une Description historique de chaque tableau par de Fontenay (Morel, etc.). *Paris, J. Couché et Laporte,* 1786-1808; 3 vol. gr. in-fol., demi-rel. bas., *non rognés.* 350 fr.

Titre, fleuron et 355 estampes d'après les tableaux des peintres et exécutés d'après les dessins de *Wicar* et autres, gravés par *Aliamet, Delignon, Delvaux, Duplessi-Bertaux, Le Mire, de Longueil, Massard, Patas, Saint-Aubin,* etc.
Très bel exemplaire entièrement non rogné.
Les prospectus de publication ont été conservés.

2163. Gamba (le chevalier). Voyage dans la Russie méridionale et particulièrement dans les provinces situées au-delà du Caucase fait depuis 1820 jusqu'en 1824. *Paris, Trouvé,* 1824 ; 2 vol. in-8, demi-veau vert. 8 fr.

4 cartes.

2164. Grassier (J.-M.). Histoire de la Chevalerie française, ou recherches historiques sur la Chevalerie, depuis la fondation de la Monarchie jusqu'à Napoléon-le-Grand. *Paris, G. Mathiot,* 1814; in-8, front., br. 3 fr.

Taches.

2165. Gazette des Beaux-Arts. Courrier européen de l'Art et de la Curiosité. *Paris,* 1859-1889 ; 68 vol. gr. in-8, demi-rel. dos et coins de mar. rouge, tête dor., *non rognés.* 2000 fr.

Bel exemplaire en GRAND PAPIER DE HOLLANDE, de l'origine à 1889 inclusivement.
Nombreuses et belles planches gravées à l'eau-forte par les meilleurs artistes de notre époque.

2166. Gilles (Nicole). Les Chroniques et annales de France des l'origine des françois et leur venuë ès Gaules, par Nicole Gilles... additionnées par Denis Sauvage. Reveues, corrigées et augmentées par F. de Belleforests, avec la suite et continuation jusques au roy Louis XIII. Ensemble tous les portraits des roys en taille-douce. Plus la saincteté du roy Louys dict Clovis, par M. Jean Savaron. *Paris, Pierre Chevalier,* 1621 ; in-fol. réglé, mar. rouge, dos orné, double rangée de fil., tr. dor. (*Rel. anc.*). 125 fr.

Bel exemplaire, mais dans une reliure fatiguée.

Et de Livres anciens et modernes

2167. Gérard (Jules). La Chasse au lion, ornée de gravures dessinées par Gustave Doré et d'un portrait par Jules Gérard. *Paris, libr. nouvelle,* 1855 ; in-18, br.   6 fr.

Rare. — Exemplaire fatigué.

2168. Girard. Traité des armes, dédié au roy, par le Sr P. J. F. Girard, ancien officier de Marine : enseignant la manière de combattre de l'epée de. pointe seule, toutes les gardes étrangères, l'Espadon, les Piques, Hallebardes, Bayonnettes au bout du fusil, fleaux brisés et bâtons à deux bouts : Ensemble à faire de bonne grace les saluts de l'Esponton, l'exercice du fusil et celui de la grenadière, tels qu'ils se pratiquent aujourd'huy dans l'art militaire de France. Orné de figures en taille-douce. *A La Haye, chez Pierre de Hondt,* 1740 ; in-4 obl., bas.   120 fr.

Livre rare orné d'un frontispice avec portrait de l'auteur dessiné et gravé par *Jacq. de Favannes* et 116 belles planches gravées en taille-douce

2169. Girardin (Mme Emile). La Canne de M. de Balzac. *Paris, Dumont,* 1836 ; in-8, cart.   5 fr.

ÉDITION ORIGINALE. Exemplaire fatigué.

2170. Girault de Saint-Fargeau. Histoire nationale et dictionnaire géographique de toutes les communes du département de la Seine-inferieure. *Paris, Baudouin,* 1828 ; in-8, br.   2 fr.

Costumes en couleur, portraits et vignettes. Carte du département.

2171. Gœthe. Faust, traduction et préface nouvelles, par H. Blaze de Bury. *Paris, Quantin,* 1880 ; gr. in-8, broché.   25 fr.

Ce magnifique ouvrage est imprimé sur PAPIER DE HOLLANDE fabriqué à la forme, illustré de 11 eaux-fortes hors texte, dont 1 portrait par *Lalauze,* tirés sur Hollande, et de 50 bois gravés par *Méaulle,* d'après *Wogel* et *Scott,* pour chaque chapitre, entête et cul-de-lampe.
Etat de neuf, publié à 50 francs.

2172. Gohory (Jacques). Instruction sur l'herbe Petum ditte en France l'herbe de la Royne ou Medicée : et sur la racine Mechiocan par J. G. P. (Jean Gohory parisien). *Paris, Galliot du Pré,* 1572 ; 2 parties de 16 et 8 ff. en un vol. pet.

in-8, demi-rel. dos et coins de veau gris, dos orné.   50 fr.

Ces deux petits traités sont sans doute les premières publications faites sur le tabac et la rhubarbe, appelés d'abord, l'un Petum, et l'autre racine de Mechiocan.
Exemplaire provenant de la bibliothèque d'Arthur DINAUX, dont une note bibliographique sur l'ouvrage a été insérée par lui sur la garde du volume.

2173. Goldsmith (Lewis). Histoire secrète du cabinet de Napoléon Buonaparté (*sic*) et de la Cour de S. Cloud. *Londres et Paris,* 1814 ; 2 tomes en un vol. in-12, cart., *non rogné.*   10 fr.

Violent pamphlet contre Napoléon Ier.

2174. Grandville. Scènes de la vie privée et publique des Animaux, vignettes par Grandville. Étude de mœurs contemporaines publiées sous la direction de M. P.-J. Stahl, avec la collaboration de MM. de Balzac, L. Baude, E. de la Bédollière, etc. *Paris, Hetzel et Paulin,* 1842 ; 2 vol. gr. in-8, demi-rel. veau, *non rognés*   75 fr.

Exemplaire entièrement non rogné.

2175. Gregorii (Divini) Nyssæ episcopi qui fuit frater Basilii Magni libri octo. I. de homine ; II. de anima ; III. de elementis ; IV. de viribus animæ ; V. de voluntario et involuntario ; VI. de fato ; VII. de libero arbitrio ; VIII. de providentia. *Argentorati, ex officina libraria Matthiæ Schurerii Selestensis, mense maio an.* 1512 ; pet. in-fol. de 60 ff., cart.   25 fr.

Impression strasbourgeoise avec titre gravé sur bois.

2176. Grisier. Les Armes et le Duel. 3e édition, revue, corrigée et augmentée. *Paris, Dentu,* 1864 ; gr. in-8, br.   15 fr.

Portrait et figures. Etat de neuf.

2177. Guichenon (Samuel). Histoire généalogique de la Royale Maison de Savoie. justifiée par titres, fondations de monastères, etc. *Turin,* 1778 ; 5 vol. in-fol., demi-rel. veau.   120 fr.

Planches d'armoiries et figures.

2178. Guillaume le Doyen, notaire au comté de Laval et chroniqueur Lavallois. Notice biographique. *Laval, Goupil,* 1882 ; in-8, br.   2 fr.

Achat de Bibliothèques

2179. Guizot. Collection des Mémoires relatifs à l'Histoire de France, depuis la fondation de la Monarchie française jusqu'au XIIIe siècle, publiée par M. Guizot. *Paris, Brière,* 1823-1835; 32 vol. in-8, br. 70fr.

2180. Guizot. De la Démocratie en France (Janvier 1849). *Paris, Victor Masson,* 1849 ; in-8, br. 2 fr.

2181. Guizot. De l'État des Beaux-arts en France et du salon de 1810. *Paris, Maradan,* 1810; in-8, br. 3 fr.

2182. Guizot. Méditations sur la Religion chrétienne dans ses rapports avec l'état actuel des Sociétés et des esprits. *Paris, Michel Lévy,* 1868 ; in-8, br. 3 fr.

2183. Guizot. Mémoires pour servir à l'histoire de mon temps. Troisième édition. *Paris, Michel Lévy,* 1861-1867 ; 8 vol. in-8, br. 30 fr.

2184. Hamilton. Mémoires du comte de Grammont. Édition ornée de LXXII portraits gravés d'après les tableaux originaux. *Londres, Edwards, s. d. (vers* 1794); in-4, mar. rouge, fil., tr. dor. (*Rel. anc.*) 200 fr.

Belle édition ornée de 77 portraits (et non 72 comme indique le titre) de personnages les plus marquants des cours de France et d'Angleterre au XVIIe siècle, et d'une vue de Somer Hill.

Exemplaire contenant les « Notes et éclaircissements » qui manquent souvent. Quelques taches d'humidité.

2185. Haussonville (Comte d'). Le Comte de Paris, Souvenirs personnels. *Paris, Calmann Lévy,* 1895; pet. in-8, br. 2 fr.

2186. Herbé. Costumes français civils et religieux avec les meubles, les armes, les armures, etc., depuis les Gaulois jusqu'à nos jours. *Paris, Martinet, s. d.;* in-4, demi-rel. 120 fr.

105 planches en couleurs.

2187. Hermite (L') de la Chaussée d'Antin (par Jouy) ou observations sur les mœurs et les usages français au commencement du XIXe siècle. *Paris, Pillet,* 1815-1816 ; 5 vol. in-12, br., couv. 25 fr.

Ouvrage extrêmement intéressant orné de 5 frontispices et de 2 figures d'après *Desenne.*

2188. Hirondelle (L') de Carême ou le pouvoir de l'Amour. *Londres et Paris, Pillot,* 1771; in-12, bas. 3 fr.

2189. Histoire abrégée de la littérature grecque, sacrée et ecclésiastique, par l'auteur de l' « Histoire de la littérature grecque profane »... (M.-S.-F. Schoell). *Paris, Gide,* 1832 ; in-8, br. 3 fr.

2190. Histoire de la princesse Macarie. *S. l.,* 1747; 2 vol. in-12. — La Femme docteur, ou la théologie tombée en quenouille, comédie (par le P. Guil. Hyac. Bougeant). *Liège, Vve Procureur,* 1731 ; in-12, Ens. 3 tomes en un vol. in-12, veau. 8 fr.

2191. Histoire des hosties miraculeuses, qu'on nomme le très saint sacrement de miracle, qui se conserve à Bruxelles depuis l'an 1370 (par le P. Griffet). *Bruxelles, Van den Berghen,* 1770 ; in-8, demi-rel. dos et coins de mar. vert, tête dor., *non rogné (Bertrand)* 40 fr.

25 figures gravées sur cuivre par *L. Fruytiers* et une planche sur bois.

2192. Histoire du ministère d'Armand Jean du Plessis, cardinal duc de Richelieu sous le règne de Louys le Juste XIII du nom, roy de France et de Navarre. Avec les réflexions politiques et diverses lettres, contenant les négociations des affaires de Piedmont et du Montferrat (par Charles Vialart de S. Paul). *S. l. (Paris),* 1650 ; in-fol., front., veau 25 fr.

EDITION ORIGINALE de cet ouvrage qui fut condamné à être brûlé par arrêt du Parlement de Paris du 11 mai 1650 ; l'achevé d'imprimer est du 30 avril de la même année.

Mouillures et piqûres de vers.

2193. Histoire du roi Splendide et de la princesse Héteroclite (par Henri Pajon). *Paris,* 1748 ; 2 tomes en un vol. in-12, veau marbré. 6 fr.

2194. Histoire philosophique de l'Homme. *Londres, Nourse (Paris, Prault),* 1766; in-8, veau, dos orné (*Rel. anc.*) 6 fr.

Cet ouvrage est attribué par Naigeon à l'abbé Millot. — Joli frontispice dessiné par *F. Boucher* et gravé par *Moreau le jeune.*

2195. Historia Alexandri Magni regis Macedonie de preliis. (In fine:) *Impressa Argentine anno domini* 1486 ; in-fol. goth. de 37 ff. à 2 col., mar. brun, dos orné, comp. à froid, tr. dor. (*Chambolle-Duru*) 250 fr.

> Bel exemplaire de cet incunable conservé dans une jolie reliure ornementée de fers à froid. (Voy. Hain, n° 779).
> Tous les débuts de chapitre sont rubriqués.

2196. Hobbes (Thomas). Elemens philosophiques du citoyen. Traicté politique, où les fondemens de la société sont descouvert. Traduicts en françois par un de ses amis. *Amsterdam, impr. de Jean Blaeu*, 1649; pet. in-8, vélin à recouvrements. 12 fr.

> Exemplaire avec la dédicace au comte de Devonshire, mais sans le portrait.

2197. Hocquart. Physionomies des Hommes politiques du jour, jugés d'après le système de Lavater. *Paris, Royer*, 1843; in-12, fig., br. 3 fr.

> Mouillures.

2198. Hœfer. Nouvelle Biographie universelle depuis les temps les plus reculés jusqu'à nos jours. *Paris, Firmin Didot*, 1852-1866; 46 vol. in-8, br. 65 fr.

> La meilleure et la plus complète des biographies publiées jusqu'à ce jour.

2199. Hodges (W.). Choix de vues de l'Indre prises sur les lieux pendant les années 1780-1783, exécutées en aquatinta avec les descriptions en anglais et en français. *Londres, Edwards*, 1786; in-fol., cuir de Russie. 60 fr.

> 48 planches.

2200. Hogarth (Guillaume). Analyse de la Beauté, destinée à fixer les idées vagues qu'on a du goût, traduite de l'anglais (par Henri Jansen); précédée de la vie de ce peintre. *Paris, Levrault*, 1805; 2 vol. in-8, demi-rel. veau, *non rognés*. 15 fr.

> 2 grandes planches gravées en taille-douce.

2201. Holbein. Le Triomphe de la Mort, gravé d'après les dessins originaux de Holbein, par Chrétien de Méchel, graveur à Bale, 1780. (*Paris, Raçon*); pet. in-8 carré, mar. vert jans., tr. dor. (*David*) 60 fr.

> Frontispice, 46 planches et grands culs-de-lampe gravés sur cuivre.
> Bel exemplaire avec les figures en ancien tirage.

2202. Horace. Quintius Horatius Flaccus. *Paris, P. Didot, an VIII* (1800); cart., *non rogné*. 6 fr.

> Edition stéréotype sur papier vélin.

2203. Houssaye (Arsène). Œuvres. *Paris, H. Plon*, 1860-1861; 6 vol. in-8, demi-rel. chagrin brun. 30 fr.

> Mlle de la Vallière et Mme de Montespan. Le Roi Voltaire. — Histoire de l'Art français. — Voyage à ma fenêtre. — Princesses de comédie. — Histoire du 41e fauteuil. Jolies figures sur acier.

2204. Houssaye (Arsène). De Profundis, par Alfred Mousse. *Paris, Lecointe et Pougin*, 1834; in-8, cart. 10 fr.

> Bel exemplaire de l'un des premiers ouvrages d'Arsène Houssaye publié sous le pseudonyme d'Alfred Mousse. Curieux frontispice à l'aqua-teinte.

2205. Huber-Saladin Le Comte de Circourt, son temps, ses écrits. Madame de Circourt, son salon, ses correspondances. Notice biographique offerte à leurs amis par le colonel Huber-Saladin. *Paris, Quantin*, 1881; in-8, br. 5 fr.

> Cet ouvrage n'a pas été mis dans le commerce.

2206. Hugo (Victor). Les Orientales. *Paris, Ch. Gosselin*, 1829; in-8, demi-rel., éb. 100 fr.

> EDITION ORIGINALE, ornée d'une figure sur Chine gravée par *C. Cousin*.

2207. Humbert-Bazile. Buffon, sa famille, ses collaborateurs, ses familiers. Mémoires par M. M. Humbert-Bazile, son secrétaire. Mis en ordre, annotés et augmentés de documents inédits par M. Henri Nadault de Buffon. *Paris, Vve J. Renouard*, 1863; in-8, br. 5 fr.

> 5 portraits sur acier.

2208. Jal. Dictionnaire critique de Biographie et d'histoire. Errata et supplément pour tous les dictionnaires historiques d'après des documents authentiques inédits. *Paris, H. Plon*, 1867; in-8, br. 30 fr.

> Cet ouvrage précieux, est devenu très rare.

2209. Jardin (Le) des Racines grecques, mises en vers françois. (Par Claude Lancelot.). *Paris, P. Esclassan*, 1694; in-12, front., veau. 6 fr.

2210. Jeaurat (Edme-Sébastien). Traité de perspective à l'usage des artistes, où l'on démontre géométriquement toutes les pratiques de cette science, et où l'on enseigne, selon la méthode de M. le Clerc, à mettre toutes sortes d'objets en perspective. *Paris, Ch.-Ant. Jombert*, 1750 ; in-4, bas.   15 fr.

Planches en taille-douce, en-têtes et culs-de-lampe par *Babel*.

2211. Joly. COSTUMES DES PRINCIPAUX ARTISTES des divers théâtres de Paris dessinés par Joly. *Paris, Martinet, s. d. ;* 5 vol. in-8, demi-rel. chagrin rouge, *non rognés*.   500 fr.

Très bel exemplaire contenant 500 planches coloriées.

2212. Jouffroy d'Eschavannes. Traité complet de la science du Blason. *Paris, Marpon et Flammarion, s. d. ;* pet. in-8, fig., br. 4 fr.

2213. Jubinal (Achille). La Armeria Real de Madrid, ou Collection des principales pièces de la galerie d'armes anciennes de Madrid, dessins de C. Sensi. *Paris,* 1839 ; 3 vol. in-fol., demi-perc. avec coins, non rog., montées sur onglets. 135 fr.

127 planches en couleurs.

2214. Junius. Nouvelle lettre de Junius (Alfred Delvau) à son ami A. D. (Alphonse Duchesne). Révélations curieuses et positives sur les principaux personnages de la guerre actuelle. *Londres, Eug. Rascol* (1871) ; in-8, br.   3 fr.

2215. Jupin (L.). Les Chiens militaires dans l'armée française. *Paris, Berger-Levrault,* 1887 ; in-8, br.   2 fr.

2216. Kama Sutra (Les) de Vatsyayama. Manuel d'érotologie. Hindoue, rédigé en sanscrit vers le 5e siècle de l'ère chrétienne. Traduit sur la 1re version anglaise (Bénarès, 1883). *Paris, Liseux,* 1885 ; gr. in-8, br..   85 fr.

Seule traduction complète. 'Il a paru récemment une édition populaire de cet ouvrage avec des notes, mais le texte est abrégé des deux tiers. Rare.

2217. La Boëssière. Traité de l'Art des Armes à l'usage des professeurs et des amateurs. *Paris, impr. de Didot,* 1818 ; in-8, demi-rel. veau.   20 fr.

20 belles planches sur cuivre gravées par *Adam*.

2218. Lacretelle (Ch.). Dix années d'épreuves pendant la Révolution. *Paris, Allouard,* 1842 ; in-8, br. 4 fr.

2219. La Croix du Maine. Les Bibliothèques françoises de la Croix du Maine et de Du Verdier. Nouvelle édition revue, corrigée et augmentée par M. Rigoley de Juvigny. *Paris, Saillant et Nyon,* 1772-1773 ; 6 vol. in-4, portr., veau, fil.. tr. dor.   175 fr.

Bel exemplaire en grand papier.

2220. La Fontaine. Les Amours de Psyché et de Cupidon, précédés du poème d'Adonis. *Paris, J.-J. Coiny, s. d. ;* 2 vol. in-12, cart., *non rognés*.   30 fr.

PAPIER VÉLIN. — Charmantes figures AVANT LA LETTRE d'après *Raphaël*, gravées par *Coiny*.

2221. La Fontaine. Les Amours de Psyché et de Cupidon. Edition ornée de figures imprimées en couleurs, d'après les tableaux de M. Schall. *Paris, Defer de Maisonneuve,* 1791 ; gr. in-4, mar. rouge, tr. dor. (*Rel. anc.*).   150 fr.

Bel exemplaire avec les figures (sauf le frontispice) AVANT LES NUMÉROS.

2222. La Fontaine. Fables choisies, mises en vers par M. de La Fontaine ; avec un nouveau commentaire par M. Coste. *Amsterdam, Z. Chastelain,* 1764 ; 2 vol. in-12, front., veau fauve.   8 fr.

2223. La Fontaine. Fables. Edition miniature. *Paris,* 1850 ; in-64, chagr. vert, *non rogné*.   40 fr.

Petit chef-d'œuvre d'impression microscopique. Très rare.

2224. La Loubère. Du Royaume de Siam. *Amsterdam, Abr. Wolfgang,* 1691 ; 2 vol. in-12, veau. 10 fr.

Curieuses figures gravées sur cuivre.

2225. Lamartine. La Chute d'un Ange, épisode. *Paris, Gosselin,* 1839 ; 2 vol. pet. in-12, bas. bleue, dos orné, fil., tr. dor.   12 fr.

Jolie petite édition.

2226. Lamartine. Histoire des Girondins. *Paris, Furne,* 1847 ; 5 vol. in-8, br.   15 fr.

Tomes I à V (sur 8 dont l'ouvrage se compose).
40 portraits gravés sur acier d'après les dessins de *Raffet*.

2227. Lamy (le R. P. Bernard). Traité de Perspective, où sont contenus les fondemens de la peinture. *Paris, Anisson,* 1701 ; in-8, veau. 7 f..

Planches gravées sur cuivre.

Et de Livres anciens et modernes

2228. Lanjuinais. Mémoire sur l'origine, l'imprescriptibilité, les caractères distinctifs des différentes espèces de Dîmes, et sur la présomption légale de l'origine ecclésiastique de toutes les dîmes tenues en fief. *Rennes, Mlles Vatar*, 1786; in-8, cart.   3 fr.

2229. Larchey (Lorédan). Les Excentricités du langage. Quatrième édition. *Paris, Dentu*, 1862; in-18, demi-rel. dos et coins de mar. brun, tr. marbr.   3 fr.

2230. Las Cases (Comte de). Mémorial de Sainte-Hélène, ou journal où se trouve consigné, jour par jour, ce qu'a dit et fait Napoléon durant dix-huit mois. *Paris, l'auteur*, 1823; 8 vol. in-8, cart., *non rognés.*   50 fr.

    Édition originale.

2231. Lasserre. Notre-Dame de Lourdes, par Henri Lasserre. *Paris, Palmé*, 1777 (*sic pour* 1877); in-4, fig., mar. rouge, dos orné, fil., tr. dor. (*Bertrand*).   90 fr.

    Édition illustrée d'encadrements variés à chaque page et de chromolithographies, scènes, portraits, vues à vol d'oiseau, cartes et paysages.
    Bel exemplaire.

2232. Latreille. Familles naturelles du régne animal, exposées succinctement et dans un ordre analytique avec l'indication de leurs genres. *Paris, Baillière*, 1825; in-8, demi-rel. mar. rouge, *non rogné.*   25 fr.

    Exemplaire avec une table, des annotations manuscrites et des dessins originaux d'après nature par M. de Romand.

2233. Laujon. Les A-propos de société, ou chansons de M. L. (de Laujon). — Les A-propos de la Folie, ou chansons grotesques, grivoises et annonces de parade. *S. l.* (*Paris*), 1776; 3 vol. in-8, fig., basane.   80 fr.

    Ces 3 volumes contiennent, avec la musique notée, 3 frontispices, 3 figures, 3 vignettes en-têtes et 3 culs-de-lampe par *Moreau.* Ces illustrations sont, ainsi que le fait justement remarquer Cohen, d'une grâce ravissante et comptent parmi les meilleures de Moreau, ce maître de la vignette au XVIIIe siècle.

2234. Laurent de l'Ardèche. Histoire de l'empereur Napoléon. *Paris, Dubochet*, 1839; gr. in-8, cart.   8 fr.

    Illustrations par *Horace Vernet.*

2245. Lavallée (Jos. de). Voyage historique et pittoresque de l'Istrie et de la Dalmatie, rédigé d'après l'itinéraire de Cassas. *Paris, an X* (1802); gr. in-fol., demi-rel. dos et coins de mar. rouge, tr. dor. 50 fr.

    Nombreuses planches.

2236. Lavoix (Henri). La Première Représentation du Misanthrope. 4 juin 1666. *Paris, Alph. Lemerre*, 1877; in-12, br.   3 fr.

    Exemplaire sur papier Whatman (n° 5).

2237. Law (J.). Het groote tafereel der Dwaasheid. Le grand tableau, recueil d'estampes satyriques en mémoire de la folie incroyable, la 20e année du XVIIIe siècle (en hollandais). *Amsterdam*, 1720; pet. in-fol., veau marbré.   40 fr.

    75 planches de caricatures et pièces historiques sur le système de Law.

2238. Leber. Collection des Meilleurs Dissertations, notices, et traités particuliers relatifs à l'Histoire de France, composée, en grande partie, de pièces rares, qui n'ont jamais été publiées séparément; par C. Leber. *Paris, Dentu*, 1838; 20 vol. in-8, br.   60 fr.

2239. Lécluse (Fl.). Grammaire basque. *Toulouse, Douladoure*, 1826; in-8, br.   10 fr.

    1re partie: Grammaire. — 2e partie: Vocabulaire.

2240. Lecomte (H^te). Costumes civils et militaires de la Monarchie française depuis 1200 jusqu'à 1820. *Paris, Delpech*, 1820; 4 vol. gr. in-4, demi-rel.   350 fr.

    380 costumes lithographiés et coloriés.

2241. Lecoy de la Marche. Saint Martin, par A. Lecoy de la Marche. *Tours, Alfr. Mame*, 1881; in-4, front. et pl., mar. rouge jans., tr. dor. (*David*).   90 fr.

    Un des 200 exempl. sur papier vergé. Très belles illustrations en noir et en chromolithographie, tirées sur papier de Chine.

2242. Le Féron (Jean). Histoire des Connestables, chanceliers, et gardes des sceaux; mareschaux, admiraux, surintendants de la navigation et généraux des galères de France et grands-maistres de la maison du Roy et des prevosts de Paris. Ouvrage commencé par Jean le Féron, revu et continué jusqu'à présent par

DenysGodefroy. *Paris,imp.royale,* 1658 ; in-fol., veau. 40 fr.

Armoiries gravées sur bois.

2243. **Lemaire** (Henri). Vie impartiale du général Moreau. *Paris, P. Blanchard,* 1814 ; in-12, br. 10 fr.

Titre gravé avec portrait de Moreau.

2244. **Le Maire de Belges**. Le Traictie de la différence des scismes et des concilles de l'Eglise ; et de la preeminence et utilite des concilles de la saincte église gallicane. Avec lequel sont comprinses plusieurs autres choses curieuses et nouvelles. (A la fin :) *Imprimé a Paris au moys de Novembre 1517 pour Englebert et Jehan de Marnef;* in-4 goth. de 38 ff., mar. rouge, dos orné, fil. à froid, milieux dor., tr. dor. (*Lortic*) 100 fr.

Bel exemplaire de cette édition.

2245. **Lenglet-Dufresnoy** (Abbé). Histoire de Jeanne d'Arc, vierge, héroïne et martyre d'Etat. *Paris, Coutellier,* 1753 ; 2 vol. in-12, veau, dos orné, (*Rel. anc.*) 10 fr.

Portrait ajouté.

2246. **Lens** (André). Du bon Goût, ou de la beauté de la peinture, considérée dans toutes ses parties. *Bruxelles, de Braeckenier,* 1811 ; in-8, br. 3 fr.

Frontispice sur cuivre.

2247. **Le Pelletier** (Dom Louis). Dictionnaire de la Langue bretonne, où l'on voit son antiquité, son affinité avec les anciennes langues, l'explication de plusieurs passages de l'écriture sainte, et des auteurs profanes, avec l'étymologie de plusieurs mots des autres langues. *Paris, Fr. Delaguette,* 1752 ; in-fol., veau. 50 fr.

Ouvrage rare.

2248. **Lessing**. Dramaturgie, ou observations critiques sur plusieurs pièces de théâtre, tant anciennes que modernes. Ouvrage traduit de l'allemand par (Cacault). Revu, corrigé et publié par M. Junker. *Paris, Junker,* 1785 ; 2 tomes en un vol. in-8, bas. 5 fr.

2249. **Le Sueur** (Eustache). La Vie de S. Bruno, fondateur de l'ordre des Chartreux peinte au cloistre de la chartreuse de Paris, par Eustache le Sueur, gravée par Fran-

çois Chauveau et terminé au burin par Ch. Simonneau. *Paris, Demortain et Cousinet* (1617); in-fol., veau. 25 fr.

Frontispice, dédicace et 22 planches sur cuivre. Chaque gravure est accompagnée d'un feuillet imprimé donnant le texte des vers latins qui accompagnait et expliquait l'œuvre de Le Sueur.
Bel exemplaire.

2250. **Lettres** sur la Littérature et la poésie italienne (par le P. Bettinelli, jésuite). Traduites de l'italien par M. de Pommeul. *Florence et Paris, Cailleau,* 1778 ; in-8, veau marbr., dos orné, fil. tr. dor. (*Rel. anc.*) 8 fr.

Cette traduction comprend 10 lettres du P. Bettinelli, de citations prises dans les auteurs dont elles parlent, et de lettres d'un anglais sur la littérature italienne.

2251. **Leuliette**. Essai sur les causes de la supériorité des Grecs dans les arts d'imagination. Question qui a été posée par l'Académie des sciences et belles-lettres de Lyon, *Paris, Treuttel et Wurtz,* 1805 ; in-8, bas. 2 fr.

2252. **Le Vavasseur** (Gustave). Les Tripes par deux Normands. *Paris, A. Ghio,* 1873 ; in-8, br. 3 fr.

Frontispice de *E. Morin.* Exemplaire sur PAPIER VERGÉ.

2253. **Liger**. Campagnes des français pendant la Révolution. Ouvrage entrepris pour fixer sur la guerre que nous soutenons depuis six ans. *Blois, Billault,* 1798 ; 2 tomes en un vol. in-8, bas. 8 fr.

2254. **Loryot** (François de Laval). Les fleurs des secretz moreaux, concernants les passions du cœur humain. *Paris, Cl. Chappelet,* 1613; 2 vol. in-4, front., veau. 35 fr.

Nombreuses lettres ornées.

2255. **Louis XVI** et **Marie-Antoinette**. La Mort de Louis XVI, tragédie en 3 actes (par Et. Aignan et Berthevin). *Paris,* 1793, front. — La Mort de Marie-Antoinette d'Autriche, reine de France, tragédie en cinq actes et en vers faisant suite à la mort de Louis XVI (attribué à Barthès de Marmorières). *Paris, Boncomple,* 1797, front. Ens. 2 tomes en un vol. pet. in-12, demi-rel. 20 fr.

On a relié à la suite : *Mes Espiégleries,*

Et de Livres anciens et modernes

ou campagnes de l'abbé de T''' (par *Mérard de S. Just*). *Paris,* 1797, front. — Taches.

2256. Lullin (J.-M.). Almanach du cultivateur du Léman. IIe année. *Genève, J.-J. Paschoud,* 1813 ; in-8, br.   2 fr.

2257. Macaulay. Bertrand Barère, traduit de l'anglais par Edouard Gibert. *Paris, Dentu,* 1888 ; in-8, br.   3 fr.

2258. Machiavel. Le Prince. Troisième édition, revüe, corrigée et augmentée par le traducteur. *Amsterdam, H. Wetstein,* 1686 ; in-12, portr., veau.   4 fr.

2259. Maistre (le comte Joseph de). Lettres à un gentilhomme russe sur l'Inquisition espagnole. *Lyon et Paris,* 1856 ; in-8, br.   4 fr.

2260. Malherbe. Les Poésies de M. François de Malherbe. *Imprimé à Orléans et se vend à Paris, chez Ant. de Sommaville,* 1660 ; in-12, veau.   4 fr.

2261. Malte (Herman-François de). Les Nobles dans les tribunaux, traité de droit, enrichi de plusieurs curiosités utiles de l'histoire et du blazon, où les questions qui conviennent aux nobles, sont successivement agitées et définies sur toutes les matières les plus importantes et les plus choisies, dans lesquelles l'escole et le barreau prennent des égards à la qualité du gentilhomme. *Liège, G.-H. Streel,* 1780; in-fol.. demi-rel. veau.   25 fr.

     Bon traité de droit nobiliaire.

2262. Manuel du Chasseur. *Paris, Lamy,* 1780 ; in-12, cart., *non rogné.*   20 fr.

     Cet ouvrage renferme 37 planches gravées de fanfare de chasse. Titre gravé par *Choffard.*

2263. Manuscrit. Officium beate Marie Virginis romane curie. *S. l. n. d. ;* in-16, cart. soie verte, tr. dor.   700 fr.

     Charmant petit manuscrit italien du commencement du XVI' sicle, de 172 ff. de vélin fin, dont 12 sont consacrés au calendrier.

     Sa première miniature, peinte à pleine page, représente *l'Annonciation à la Vierge Marie.* Ce sujet occupe le centre d'une initiale D dont l'ornementation se déroule en un gracieux rinceau de différentes couleurs tout autour du feuillet. La Vierge assise reçoit la salutation de l'ange Gabriel agenouillé devant elle ; au-dessus le Saint-Esprit projette ses rayons sur l'élue de Dieu; un paon, peint avec une extrême finesse, complète ce petit tableau. Dans la marge latérale un médaillon minuscule où se voient deux lapins blancs, emblème de la fécondité, et dans le bas des armoiries en partie effacées par le temps.

     Le reste de la décoration se compose de DOUZE initiales à fonds d'or, dont cinq sont historiées de sujets de l'ancien et du nouveau Testament: *La Nativité, l'Office des Morts, le Roi David, la Pentecôte* et une *Piété.*

     La délicatesse et le soin tout particulier avec lesquels ces petites compositions sont peintes, ainsi que leur conservation, en font un fort joli spécimen de l'art de la miniature à cette époque.

2264. Mauuscrit ANTIPHONAIRE ITALIEN du XVe siècle. Grand infol. de 183 ff. ais de bois recouverts de veau quadrillé, garnitures et clous de cuivre (*Rel. anc.*). 3000 fr.

     Splendide manuscrit sur vélin provenant et ayant été exécuté pour le monastère des Bénédictins de Saint-Sixte de Plaisance en Italie. Sa très riche illustration due au pinceau délicat d'un artiste de l'école lombarde, consiste en 227 lettres ornementales peintes sur fond d'or et formées de rinceaux, de volutes et d'arabesques d'un très grand éclat et d'une très grande fraîcheur de coloris; et en VINGT-SIX miniatures, dont plusieurs sont spécialement consacrées à Saint Sixte, patron du couvent. En voici la nomenclature : 1° (f° 3). *Saint Jean-Baptiste dans le désert.* — 2° (f° 9). *Saint Jean et Saint Paul.* — 3° (f° 15). *Saint Pierre agenouillé devant le Christ.* — 4° (f° 27, v.). *La Visitation.* — 5° (f° 34). *Saint Antonin* vêtu d'une armure et tenant une bannière. — 6° (f° 44). *Sainte Marie-Madeleine.* — 7° (f° 52). *Saint Pierre ès-liens.* Curieuse composition. Dans un édifice peint entièrement en rouge, on aperçoit la tête de Saint Pierre derrière une ouverture grillagée. — 8° (f° 59). *La Vierge tenant l'Enfant Jésus.* — 9° (f° 65). *Saint Sixte.* Grande miniature se prolongeant en rinceaux sur les marges latérales et inférieure de la page. Le pape S. Sixte, martyr, coiffé de la tiare, vêtu d'azur, est assis dans la chaire de Saint Pierre, qu'une longue draperie de pourpre, maintenue par un ange, recouvre en partie. Le saint pontife tient de la main gauche un livre et de la droite donne la bénédiction. — 10° (f° 68). *Saint Sixte.* — 11° (f° 70). *Saint Sixte et Saint Laurent.* — 12° (f° 72). *Obsèques de Saint Sixte.* Des religieux tonsurés portent son cercueil. — 13° (f° 73. v.). *Saint Sixte* au séjour des bienheureux. Le pontife se voit soutenu de quatre chérubins. — 14° (f° 74, v.). *La Transfiguration.* S. Pierre, S. Jacques et S. Jean couchés sur le sol, voient le Christ leur apparaître, vêtu de blanc, accompagné de Moïse et du prophète Elie agenouillés à ses côtés. Dans le haut de la composition Dieu le père est légèrement indiqué. — 15° (f° 84). *Saint Laurent.* — 16° (f° 90, v.). *L'Assomption.* Au centre d'un paysage et dans une splendide gloire de pourpre, une légion de chérubins portent vers Dieu la Sainte Vierge Marie. La figure de la Vierge a été traitée avec la plus grande finesse et l'ensemble de cette composition se complète par le développement d'un long rinceau s'étendant jusque sur la marge inférieure du feuillet. — 17° (f° 92, v.). *Le Couronnement de la Vierge.* Sur un siège de pourpre, le Christ couronne sa mère assise face à lui. Au-dessus d'eux, un concert d'anges, les uns chantant, les autres jouant de divers instruments. Toutes les parties de cette charmante composition, notamment les figures, ont été peintes avec une extrême délicatesse de tons qui en font une des plus belles miniatures du manuscrit. — 18° (f° 100). *Saint Barthélemy.* — 19° (f° 108). *La Décollation de Saint Jean Baptiste.* — 20° (f° 113). *Sainte Anne portant la Vierge Marie.* — 21° (f° 130). *Saint Michel archange.* — 22° (f° 135, v.). *Saint Jérôme.* — 23° (f° 143). *Sainte Justine.* — 24° (f° 145, v.). *Sainte Justine martyre.* — 25° (f° 159 v.). *Saint Bonaventure.* — 26° (f° 171, v.). *Sainte Cécile.*

Toutes ces miniatures sont complétées chacune par un entourage de rinceaux aux vives couleurs, formant autant de lettres initiales des principaux chapitres de ce bel antiphonaire. Elles constituent, par leur ensemble, un des spécimens les plus parfaits de l'art de l'enluminure en Italie au milieu du XV° siècle.

2265. **Manuscrit persan.** Le Shah Nameh de Firdousi. In-4, laque ornementée. (*Rel. persane*). 1,400 fr.

Beau manuscrit à quatre colonnes dans un double encadrement de filets bleu, rouge et or. Les deux premières pages offrent un riche décor d'entrelacs polychromes. Les têtes de pages en or et en couleurs sont nombreuses ainsi que les ornements dans lesquels sont inscrits les titres des diverses parties du poème. Le manuscrit, qui comprend les quatre premiers livres de l'ouvrage, est en outre décoré de quarante-neuf miniatures curieuses, d'un style un peu rude avec des fonds vert, rose, lilas, bleu. L'artiste s'est complu à peindre des chevaux ; presque toutes ses compositions nous en présentent. La couverture est un beau spécimen de l'art de la reliure en Perse. Elle est peinte à fleurs sur fond doré et laqué, et à l'intérieur de personnages et d'oiseaux dans des cartouches réservés au milieu d'un fond rouge à fleurettes d'or.

2266. **Marcet de la Roche-Arnaud** (l'abbé Martial). Les Jésuites modernes, pour faire suite au mémoire de M. le comte de Montlosier. *Paris, Ambr. Dupont,* 1826 ; in-8, br. 5 fr.

Critique des membres français de la société de Jésus sous le règne de Charles X.

2267. **Marie de Saint-Ursin.** L'Ami des femmes, ou lettres d'un médecin concernant l'influence de l'habillement des femmes sur leurs mœurs et leur santé : et la nécessité de l'usage habituel des bains en

gardant leur costume actuel. Seconde édition. *Paris, Barba,* 1805 ; in-8, br. 5 fr.

7 figures en taille-douce.

2268. **Marmontel.** Bélisaire. *Paris, Merlin,* 1767 ; in-8, veau, dos orné, tr. rouge (*Rel. anc.*). 15 fr.

Frontispice et 3 figures de *Gravelot,* gravés par *Le Vasseur, Massard, Le Veau* et *Masquelier.* Bel exemplaire.

2269. **Marmontel.** Œuvres posthumes. Imprimées sur le manuscrit autographe de l'auteur. Mémoires. *Paris,* 1804 ; 4 vol. in-8, br. 10 fr.

2270. **Marolles** (Michel de). Tableaux du Temple des Muses, tirez du cabinet de feu M. Favereau, avec les descriptions, remarques et annotations. *Paris, Ant. de Sommaville,* 1655; in-fol., mar. rouge, dos orné, fil., tr. dor. (*Derome*). 250 fr.

Bel exemplaire de l'édition originale recherchée à cause des 60 figures gravées par *Bloëmaert,* d'après *Diepenbeke,* dont elle est ornée.

2271. **Martin** (Simon). Les Vies des Saints dont on fait l'office dans le cours de l'année et de plusieurs autres dont la mémoire est plus célèbre parmi les fidelles. Composées après Lipoman, Surius, Ribadeneira et quelques autres auteurs, par le R. P. Simon Martin, religieux de l'ordre des Minimes. Nouvellement recherchées dans leurs sources, etc. *Paris, Fédéric Léonard,* 1683-1685 ; 2 vol. in-fol., mar. rouge, dos orné, double rangée de fil., tr. dor. (*Rel. anc.*). 120 fr.

Bel exemplaire orné de jolies figures de *Pierre le Pautre.*

2272. **Mélanges.** 4 tomes en un vol. in-12, veau. 10 fr.

Relation de la maladie, de la confession, de la fin de M. de Voltaire et de ce qui s'ensuivit, par moi Joseph Dubois (Nic.-Joseph Sélis). *Genève,* 1761. — Pensées du marquis *** sur la religion et l'église, avec un traité de l'Eucharistie (par le P. Ignace Garnier, jésuite). *Paris,* 1759, front. — Lettre de M. l'archevêque de Lyon à M. l'archevêque de Paris. *Lyon,* 1760. — Lettres intéressantes, philosophiques et critiques sur le petit nombre de connaissances que l'homme peut acquérir (par M. le marquis de C... de C...). (R.-A. Culant-Ciré). *Amsterdam,* 1753.

2273. **Mémoire** sur les rangs et les honneurs de la Cour, pour servir de réponse aux trois derniers chapitres du « Traité des preuves qui servent à établir la vérité de l'histoire » par le P. Henri Griffet (par Jos.-Balt. Gibert). *S. l.* (1771) ; in-8. — Réponse à un écrit anonyme intitulé : Mémoire sur les rangs et honneurs de la Cour. (Par l'abbé J.-F. Georgel). *Paris, le Breton*, 1771. Ens. en un vol. in-8, veau, dos orné.   8 fr.

 Écrits contre et pour les prétentions de la maison de Rohan.

2274. Ménard. Histoire civile, ecclésiastique et littéraire de la ville de Nimes, avec des notes et les preuves ; suivie de dissertations historiques et critiques sur ses antiquités, et de diverses observations sur son histoire naturelle. *Paris, Chaubert*, 1750 ; 7 vol. in-4, veau (*Rel. anc.*).   225 fr.

 Deux frontispices, plan et nombreuses figures.
 Bel exemplaire de cet ouvrage important qu'on trouve rarement complet.

2275. Ménestrier. Nouvelle Méthode raisonnée du Blason, ou l'art héraldique, mise dans un meilleur ordre par M. L. (Lemoine). *Lyon, Pierre Bryset Ponthus*, 1770 ; in-8, veau.   7 fr.

 Nombreuses planches. Le frontispice manque.

2276. Mériel-Bucy. Victoire, triomphe complet de ce qu'on appelle en France la Petite Eglise, par J.-F. Mériel-Bucy, prêtre non assermenté de la ville du Mans. *Le Mans, Toutain*, 1818 ; in-8, br., couv.   4 fr.

 Trou de cachet sur le titre.

2277. Michaud. Le Printemps d'un proscrit, suivi de plusieurs lettres à M. Delille sur la Pitié. *Paris, Giguet et Michaud*, 1804 ; in-8, cart., *non rogné*.   5 fr.

 Exemplaire sur PAPIER VÉLIN orné d'un joli frontispice de *Monsiau*.

2278. Moisant de Brieux. Les Origines de quelques coutumes anciennes, et de plusieurs façons de parler triviales, avec un vieux manuscrit en vers, touchant l'origine des chevaliers bannerets de Bretagne (par Jacq. Moisant de Brieux). *Caen, Jean Cavelier*, 1672 ; pet. in-12 ; mar. bleu à longs grains, dos orné, fil., tr. dor. (*Thouvenin*).   100 fr.

 Ouvrage extrêmement rare : il donne les explications de locutions telles que : *Ferrer la mule, Laisser aller le chat au fromage, Passer la plume par le bec, Rotir le balai, Faire la figue*, et autres manières de parler proverbiales.
 Bel exemplaire.

2279. Molière. Œuvres de Molière. Nouvelle édition. *Paris (Prault)*, 1734 ; 6 vol. in-4, veau marbr., fil., tr. dor. (*Rel. anc.*).   350 fr.

 Une des meilleures éditions de Molière, avec sa vie par Antoine Joix et des annotations par La Serre ; illustrée d'un portrait gravé par *Lépicié*, d'après *Coypel*, de 33 belles et grandes estampes par *Boucher*, et d'un grand nombre de vignettes, en-têtes, culs-de-lampe, fleurons par *Boucher, Blondel* et *Oppenord*, gravés par *Joullain* et *Laurent Cars*.

2280. Monstres génénralles de la Noblesse du baillage d'Evreux en 1469. *Paris, Dumoulin, et Rouen, le Brument*, 1853 ; in-8, br. 8 fr.

 PAPIER VERGÉ.

2281. Monteil (Amans-Alexis). Description du département de l'Aveiron. Réimpression, sans changements, de l'édition de l'an X (1802). *Villefranche-de-Rouergue*, 1884 ; in-4, br.   3 fr.

2282. Montesquieu. Considérations sur les causes de la grandeur des Romains, et leur décadence. Nouvelle édition à laquelle on a joint un dialogue de Sylla et d'Eucrate. *Paris, Huart*, 1755 ; in-12, front., veau fauve, dos orné, tr. dor.   4 fr.

2283. Montesquieu. Considérations sur les causes de la grandeur des Romains, et de leur décadence. Nouvelle édition, on a joint un dialogue de Sylla et d'Eucrate. *Amsterdam, Arkstée et Merkus*, 1759 ; in-12, veau.   3 fr.

2284. Montesquieu. Le Temple de Gnide. *Parme, Bodoni*, 1799 ; in-8, cart.   10 fr.

 Bel exemplaire à toutes marges sur papier vergé.

2285. Montulé (Edouard de). Voyage en Angleterre et en Russie, pendant les années 1821 à 1823. *Paris, A. Bertrand*, 1825 ; 2 vol. in-8, veau vert et atlas pet. in-fol., demi-rel. veau.   8 fr.

 Atlas contenant 29 planches gravées ou lithographiées.

2286. Morin (Frédéric). Origines de de la Démocratie. La France au

Moyen-âge. *Paris, Pagnerre,* 1865 ;
in-8, br. 3 fr.

2287. Mortinier-Ternaux. Histoire de la Terreur. 1792-1794. *Paris,* 1863-1866 ; 6 vol. in-8, br. 10 fr.

Le tome III manque.

2288. Murat (J.-A.). Des Causes et de l'origine de l'établissement des Hopitaux civils et militaires. *Montpellier, Tournel,* 1813 ; in-8, broché. 3 fr.

2289. Naudier (Fernand). Traité théorique et pratique de la législation des chemins ruraux. Loi du 20 août 1881. — Décret du 19 mars 1886 (France-Algérie). *Paris, L. Larose et Forcel,* 1891 ; in-8, br. 3 fr.

2290. Nicéron (le Père J.-F.). La Perspective curieuse ou magie artificielle des effets merveilleux, de l'optique, de la catoptrique, de la dioptrique, dans laquelle est enseigné la façon de faire toute sorte de figures difformes. Œuvre très utile aux peintres, architectes, graveurs, sculpteurs, etc. *Paris, Pierre Billaine,* 1638 ; pet. in-fol., demi-rel. 15 fr.

Frontispice et 25 planches gravés sur cuivre.

2291. Norden (Frédéric-Louis). Voyage d'Egypte et de Nubie. Ouvrage enrichi de cartes et de figures dessinées sur les lieux, par l'auteur. *Copenhague, de l'imprimerie de la Maison royale des Orphelins,* 1755 ; 2 tomes en 1 vol. in-fol., veau marbr., fil. 75 fr.

Frontispice, portrait et 159 planches.

2292. Nouveau Recueil des épigrammatistes françois, anciens et modernes, depuis Marot, par M. B. L. M. (Bruzen de La Martinière). *Amsterdam, Weistein,* 1720 ; 2 vol. in-12, veau fauve. 12 fr.

Frontispices et portrait par *Bernard Picart.*

2293. O'Reilly (R.). Essai sur le Blanchiment, avec la description de la nouvelle méthode de blanchir par la vapeur d'après le procédé du citoyen Chaptal et son application aux arts. *Paris, an IX* (1801) ; bas. 4 fr.

Planches sur cuivre.

2294. Orellie-Antoine Ier (de Tounens), roi d'Araucanie et de Patagonie, son avènement au trône et sa captivité au Chili, relation écrite par lui-même. *Paris, Thevelin,* 1863 ; in-8, portr., br. 3 fr.

2295. Orobio (Isaac). Israel vengé, ou exposition naturelle des prophéties hébraïques que les chrétiens appliquent à Jésus leur prétendu Messie. *Londres,* 1770 ; in-12, veau fauve, dos orné, fil., tr. dor. (*Rel. anc.*). 15 fr.

Une note d'Eusèbe de Salverte insérée dans les *Anonymes* de Barbier (II, 970) dit à propros de ce livre : « J'ignore si le juif Henriquez, désigné dans l'avis de l'éditeur, comme ayant traduit en français l'ouvrage composé par Orobio, juif espagnol, dans sa langue (l'hébreu ou l'espagnol ?) a jamais existé. L'avis ajoute qu'un homme de lettres paraît avoir retouché ou corrigé la traduction. Il contient d'ailleurs un grand nombre de morceaux dont Diderot est l'auteur. Je sais avec certitude que le baron d'Holbach a refait en grande partie l'ouvrage, s'il n'est pas entièrement de lui, ce que je suis porté à croire ».

2296. Palais-Royal (Le), ou Mémoires secrets de la Duchesse d'Orléans, mère de Philippe, par M. D. F*** (par Mme Guénard, baronne de Méré). *Hambourg et Paris, Lerouge,* 1806 ; 2 vol. in-12, cart. 15 fr.

2297. Papiers et Correspondance de la famile impériale. *Paris, impr. nationale (et Beauvais),* 1870-1872; 2 vol. in-8 en livraisons. 12 fr.

Fac-similés d'autographes.

2298. Paris-Salon. *Paris. Bernard,* 1880-1888 ; 9 tomes en 14 vol. in-8, demi-rel. chagr. vert, et br. 20 fr.

Nombreuses reproductions en héliogravure. Le texte du tome 1er (1880) est en anglais.

2299. Parlement de Paris pendant la Fronde. 1649-1652 ; 2 vol. in-4, cart. 18 fr.

Suite du Journal de ce qui s'est passé au Parlement les Chambres assemblées jusques à la paix (du 1er mars au 1er avril 1649). — Suite du vray journal des assemblées du Parlement depuis la Saint-Martin 1649 jusques à Pasques 1651 — Le Journal ou histoire du temps present contenant toutes les déclarations du Roy vérifiées en Parlement et tous les arrets rendus depuis le mois d'avril 1651 jusques en juin 1652.

2300. Passeran. Recueil de pièces curieuses sur les matières les plus intéressantes, par Albert Radicati, comte de Passeran. *Londres, John Brindley*, 1749 ; in-8, veau, dos orné, fil., tr. dor. (*Rel. anc.*). 6 fr.

2301. Patin (Guy). L'Esprit de Guy Patin tiré de ses conversations, de son cabinet, de ses lettres et de ses autres ouvrages. *Amsterdam, P. de Coup*,1713; in-12, portr., bas. 5 fr.

Exemplaire du Dʳ Ant. Danyau.

2302. Pavillon (Étienne). Œuvres, contenant les ouvrages en prose, les ouvrages mêlés de prose et de vers et les poësies. *Amsterdam, Z. Chatelain*,1750;2vol.in-12,veau.6fr.

2 charmants en-têtes d'*Eisen*, gravés par *Delafosse*.

2303. Pecquet. Analyse raisonnée de l'Esprit des loix du président de Montesquieu pour faciliter l'intelligence de plusieurs endroits de cet ouvrage. *Paris, Nyon*, 1768 ; in-12, veau. 4 fr.

2304. Pérenna (Gabrielle). L'Art de dire la bonne aventure dans la main, ou la chiromancie des bohémiennes. *Paris, Lerouge*,1818; in-12, br. 8 fr.
Joli frontispice.

2305. Persan (De). Recherches historiques sur la Ville de Dole dans le département du Jura. *Dole, Joly*, 1812 ; in-8, br. 8 fr.
Exemplaire en parfait état.

2306. Philostrate. Les Images ou tableaux de platte peinture des deux Philostrates sophistes grecs et les statues de Callistrate, mis en françois par Blaise de Vigenère, bourbonnois, enrichis d'arguments et annotations. Reveus et corrigez sur l'original par un docte personnage de ce temps en la langue grecque et représentez en taille-douce en cette nouvelle édition, avec des épigrammes sur chacun d'iceux par Thomas d'Embry. *Paris, Vvᵉ Abel l'Angelier*,1614;in-fol.,veau. 100 fr.
Titre gravé et 68 belles planches gravées en taille-douce par *Jaspar Isaac, Léonard Gaultier*, et *Thomas de Leu*.

2307. Pierquin de Gembloux. Histoire littéraire, philologique et bibliographique des Patois. *Paris, Techener*, 1841 ; in-8, br., couv. ill. 4 fr.

2308. Planiol (Marcel). L'Assise au Comte Geffroi. Etude sur les suc-

cessions féodales en Bretagne. *Paris, Larose et Forcel*, 1888 ; in-8, br., couv. 3 fr.

2309. Plutarque. Les Œuvres morales et meslées de Plutarque. Translatées de grec en françois, reveues et corrigées en plusieurs passages par le translateur (Amyot). — Les Vies des Hommes illustres, grecs et romains, translatées par M. Jacques Amyot. *Genève, impr. Jacob Stœr*,1627-1635; 2 vol. in-fol., veau fauve. 20 fr.
Portraits sur bois. — Exemplaire aux armes.

2310. Poitevin. Dictionnaire de la Langue française, glossaire raisonné de la langue écrite et parlée. Cinquième édition. *Paris, Chamerot et Lauwereyns*, 1866 ; gr. in-8, cart., *non rogné*. 7 fr.

2311. Poli (Oscar de). Souvenirs du bataillon des zouaves pontificaux (franco-belges). *Paris*, 1861 ; in-8, br. 2 fr.

2312. Polignac (Cardinal de). L'Anti-Lucrèce, poëme sur la religion naturelle. Traduit par M. de Bougainville. *Paris, Guérin*, 1750 ; 2 vol. in-12, veau marb. 4 fr.

2314. Port (Célestin). La Vendée angevine. Les Origines. — L'Insurrection (Janvier 1789-31 Mars 1793) d'après des documents inédits et inconnus. *Paris, Hachette*, 1888; 2 vol. in-8, br. 10 fr.

2315. Portalis (Baron Roger). Les Dessinateurs d'illustrations au dix-huitième siècle. *Paris, Morgand et Fatout*, 1877 ; in-8, br. 75 fr.
L'un des 20 exemplaires tirés sur PAPIER DE CHINE avec le frontispice de *Meissonier* en triple état.

2316. Portraits de Rakans, ou saints Bouddhistes ; 5 vol. pet. in-fol. entre planchettes. 50 fr.
Les figures sont remarquables, et un grand nombre des plus bizarres. La singulière conformation des crânes, ce qui arrive toujours dans les représentations chinoises de saints bouddhistes, est digne d'attirer l'attention d'un phrénologue. Tous ces Rakans portent en chinois le titre de Tsouantcho « Honorable » qui précède leur nom sanscrit transcrit en chinois. Le mot sanscrit Rakans s'applique aux 500 disciples immédiats de Sakyamouni. M. Satow donne tous leurs noms dans l'introduction de son guide.

2317. Portraits des personnages les plus célèbres de la Révolution française et fac-similé de leur écriture, avec les caricatures les plus piquantes. *Paris, Baudouin,* 1823; in-8, br.   10 fr.

> 13 livraisons : Mᵐᵉ Roland ; le Mⁱˢ de Bouillé ; Mᵐᵉ Campan ; Dusaulx ; Ferrières et Bailly ; Besenval et Ferrières ; Dumouriez ; de Bonchamps ; Mémoires sur les prisons ; Dulaure ; l'abbé Guillon ; le comte Bouillé ; le duc de Choiseul ; Boily, Linguet.

2318. Postes. État général des Postes du royaume de France, suivi de la carte géométrique des routes desservies en poste, avec désignation des relais et des distances : Pour l'an 1823. *Paris, impr. royale,* 1823 ; in-8, br.   5 fr.

2319. Princes légitimés (Recueil de 20 pièces concernant les). 1716-1717. En un vol. in-8, bas. 20 fr.

> Lettre d'un espagnol à un français, 1716. — Mémoire de M. le duc du Maine, 1716. Réponse à la lettre d'un espagnol, 1716. — Nouvelle réfutation de la lettre d'un espagnol, 1716. — Maximes de droit et d'État pour servir de réfutation du duc du Maine, 1716. — Réflexions sur la prétention de MM. les ducs de Bourbon, comte de Charollais et prince de Conti contre MM. les ducs du Maine et comte de Toulouse, 1716. — Apologie de l'édit de Juillet 1714. — Examen de la prétendue loi fondamentale qui exclut les princes légitimés de la succession à la couronne. — Réponse et remarques sur les mémoires du duc du Maine. — Etc.

2320. Procès instruit par le tribunal criminel du département de la Seine contre Demerville, Ceracchi, Aréna et autres, prévenus de conspiration contre la personne du premier Consul Bonaparte, suivi des débats et du jugement intervenus sur le pourvoi en cassation des condamnés. Recueilli par des stenographes. *Paris, impr. de la République, pluviose an IX* (1801); in-8, demi-rel. bas.   3 fr.

2321. Quérard (J.-M.). Les Supercheries littéraires dévoilées. Galerie des auteurs apocryphes, supposés, déguisés, plagiaires et des éditeurs infidèles de la littérature française pendant les quatre derniers siècles. *Paris,* 1847-1852 ; 4 vol. in-8, br.
12 fr.
> Première édition. — Le tome V manque.

2322. Quérard (J.-M.). Les Supercheries littéraires dévoilées, galerie des Ecrivains français de toute l'Europe qui se sont déguisés sous des anagrammes, des astéronymes, etc. Seconde édition, considérablement augmentée, publiée par MM. Gustave Brunet et Pierre Jannet. *Paris, Paul Daffis,* 1869-1870 ; 3 tomes en 6 livraisons in-8, br.   18 fr.

2323. Razoumowsky (Comte G. de). Histoire naturelle du Jorat et de ses environs ; et celle des trois lacs de Neufchatel, Morat et Bienne; précédées d'un essai sur le climat, les productions, le commerce, les animaux de la partie du pays de Vaud ou de la Suisse romande. *Lausanne, Jean Mourer,* 1789 ; 2 tomes en un vol. in-8, pl., bas.   6 fr.

2324. Récréations historiques, critiques, morales et d'érudition, avec l'Histoire des fous en titre d'office, par M. D. D. A. (J. F. Dreux du Radier, avocat). *La Haye,* 1768 ; 2 vol. in-8, bas.   12 fr.

2325. Recueil de Dissertations littéraires, par l'auteur des lectures de &c. (le P. Valois). *Nantes, Vve Marie,* 1766 ; pet. in-8, veau, dos orné, tr. dor.   3 fr.

2326. Recueil de Nouvelles Poésies galantes, critiques, et latines françoises. *Londres* (vers 1740) ; 2 vol. in-12, bas.   15 fr.

> Les pièces en patois bourguignon qui se trouvent à la fin du second volume sont attribuées au père d'Alexis Piron.

2327. Réglemens généraux de la Maçonnerie Ecossaise. *Paris, Nouzou,* 1812 ; in-8, br.   4 fr.

2328. Régnier. Les Satyres et autres œuvres du sieur Régnier, augmentées de diverses pièces cy-devant non imprimées. *Leiden, Jean et Daniel Elzevier,* 1652 ; pet. in-12, mar. rouge, dos orné, fil., comp. genre Le Gascon, tr. dor. (*Trautz-Bauzonnet*).   250 fr.

> Très jolie édition, recherchée tant à cause de sa rareté que de sa belle exécution typographique ; les satyres 18 et 19 s'y trouvent imprimées pour la première fois.
> Charmant exemplaire, grand de marges ; il provient de la bibliothèque BANCEL (750 fr.). — Hauteur 127 mill. 1/2.

2329. Revel (J.-H.-F.). Buonaparte et Murat, ravisseurs d'une jeune femme, et quelques-uns de leurs agents complices de ce rapt, devant le tribunal de première instance du département de la Seine. Mémoire historique écrit par le mari outragé. *Paris, Michaud*, 1815 ; demi-rel. 10 fr.

Curieux ouvrage. L'exemplaire porte la signature de l'auteur.

2330. Rohan (Duc de). Discours politiques du Duc de Rohan, faits en divers temps sur les affaires qui se passaient. *S. l. (Amsterdam, Louis Elzevier)*, 1646 ; pet. in-12, vélin à recouvrements. 6 fr.

2ᵉ et 3ᵉ parties en 135 et 126 pages (Willems. nᵒ 1044 note). — Haut. 127 mm.

2331. Romé Delisle. Description méthodique d'une collection de Minéraux du cabinet de M. D. R. D. L. (De Romé Delisle). *Paris, Didot jeune et Knapen*, 1773 ; in-4, veau, dos orné (*Rel. anc.*). 10 fr.

Bel exemplaire en GRAND PAPIER.

2332. Romé Delisle. Essai de Cristallographie, ou description des figures géométriques propres à différens corps du règne connus vulgairement sous le nom de cristaux. *Paris, Didot jeune, Krapen*, 1772 ; in-4, veau, dos orné (*Rel. anc.*). 12 fr.

Frontispice de *Monnet*, gravé par *Saint-Aubin*, et planches gravées en taille-douce par *Bresse*.

2333. Roujoux. Histoire des rois et des ducs de Bretagne. Nouvelle édition. *Paris, Dufey*, 1839 ; 4 vol. in-8, br. 10 fr.

2334. Saint-Pierre (Bernardin de). La Chaumière indienne. *Paris, Didot*, 1791 ; pet. in-12, br. 6 fr.

ÉDITION ORIGINALE. Mouillures.

2335. Salon de Peinture. Catalogue illustré. *Paris, Lud. Baschet*, 1887-1894 ; in-8, br.

Années 1887, 1889, 1891, 1894. Chaque volume 2 fr. 50

2336. Salverte (Eusèbe). De la Civilisation, depuis les premiers temps historiques jusqu'à la fin du XVIIIᵉ siècle. Introduction. *Paris, Schoell*, 1813 ; in-8, veau racine, dos orné, dent., tr. dor. (*Rel. anc.*). 3 fr.

2337. Sarpi (Fra-Paolo). Histoire du Concile de Trente, écrite en italien par Fra-Paolo Sarpi, de l'ordre des servites et traduite de nouveau en françois avec des notes, par Pierre-François le Courayer. *Amsterdam, Wetstein et Smith*, 1736 ;

2 vol. in-4, mar. rouge, dos orné, tr. dor. (*Rel. anc.*). 200 fr.

Édition ornée de 2 portraits par *G. Vertue*. Bel exemplaire aux armes de Henri de CALENBERG, chambellan de l'Empereur d'Allemagne.

2338. Schlegel (F.). Histoire de la Littérature ancienne et moderne. Traduite de l'allemand, sur la dernière édition, par William Duckett. *Paris, Ballimore*, 1829 ; 2 vol. in-8, br. 5 fr.

2339. Scudéry. Alaric, ou Rome vaincuë. Poëme héroïque. *Paris, Augustin Courbé*, 1654 ; in-fol., mar. rouge, dos orné, double rangée de fil., tr. dor. (*Rel. anc.*). 40 fr

Exemplaire en GRAND PAPIER, illustré d'un portrait, d'un frontispice et de 10 grandes planches par *F. Chauveau*. — Reliure fatiguée.

2340. Second. Mémoire sur le mariage des protestans (Par Guil. de Lamoignon de Malesherbes). *Londres (Paris)*, 1787 ; in-8, br. 7 fr.

2341. Senecé. Épigrammes et autres pièces de M. de Senecé. Avec un traité sur la composition de l'Epigramme. *Paris, P.-F. Giffart*, 1717 ; in-12, bas. 4 fr.

2342. Sentiment des Jésuites touchant le péché philosophique. (Par le P. Dom Bouhours). *Dijon, Ressayre*, 1690 ; in-12, cart. 3 fr.

2343. Septembriseurs (Les). Scènes historiques. (Par H. Regnier d'Estourbet.) *Paris, Delangle*, 1829 ; in-8, br. 3 fr.

2344. Serlock. Fragment sur Shakespear, tiré des conseils à un jeune poète. Traduit de l'italien par M. D. R. *Londres et Paris*, 1780 ; in-8, veau. 3 fr.

2345. Sethos. Histoire ou vie tirée des monumens anecdotes de l'ancienne Egypte, traduite d'un manuscrit grec. (Composée par l'abbé Jean Terrasson.) *Paris, Desaint*, 1767 ; 2 vol. in-12, veau fauve, dos orné, dent., tr. dor. (*Rel. anc.*). 15 fr.

Bel exemplaire.

2346. Simon (Richard). Histoire de l'origine et du progrès des Revenus ecclésiastiques, où il est traité selon l'ancien et le nouveau droit, de tout ce qui regarde les matières

Achat de Bibliothèques

hénéficiales, par Jerome Acosta (Richard Simon). Nouvelle édition. *Basle, Philippe Richter*, 1706 ; 2 vol. in-12, veau granit, dos orné (*Rel. anc.*).   8 fr.

2347. **Smedt** (Le P. Ch. de). Principes de la Critique historique. *Liège, Société bibliographique belge*, 1883 ; in-8, br.   2 fr.

2348. **Smith** (Th.). De Græcæ ecclesiæ hodierno statu epistola. Authore Thoma Smith. *Oxonii e theatro Sheldoniano*, 1675 ; in-8, mar. rouge, dos orné, fil., tr. marbr. (*Rel. anc.*).   70 fr.
Aux armes de J.-B. COLBERT.

2349. **Soleirol** (H.-A.). Molière et sa troupe. *Paris, l'auteur*, 1858 ; gr. in-8, demi-rel. dos et coins de mar. rouge, tête dor.   8 fr.
Portraits de Molière.

2350. **Sonnerat.** Voyage à la Nouvelle Guinée, dans lequel on trouve la description des lieux, des observations physiques et morales. *Paris, Ruault*, 1776 ; in-4, demi-rel. bas.   25 fr.
120 planches gravées sur cuivre.

2351. **Soulavie** (l'abbé). Des Mœurs et de leur influence sur la prospérité ou la décadence des Empires; discours pour la cérémonie de l'ouverture de Etats-généraux de Languedoc. *Paris, Quillau*, 1784 ; in-12, cart.   6 fr.

2352. **Souvestre** (Émile). Rêves poétiques. *Paris, Mellinet*, 1830 ; demi-rel. veau.   5 fr.

2353. **Suétone.** Les douze Césars, traduits du latin, avec des notes et des réflexions par M. de la Harpe. *Paris, Lacombe et Didot l'aîné*, 1770 ; 2 vol. in-8, veau, dos orné (*Rel. anc.*).   4 fr.

2354. **Tableau** de la Grande-Bretagne, de l'Irlande, et des possessions anglaises dans les quatre parties du monde. *Paris, Maradan*, 1802 ; 3 vol. in-8, cartes, veau. 8 fr.

2355. **Taine.** Les Origines de la France contemporaine. *Paris, Hachette*, 1876-1891 ; 2 vol. in-8, br. *Chaque volume*.   3 fr. 50
L'Ancien régime, 1876 ; 1 vol. — Le Régime moderne (tome Ier) 1891 : 1 vol. On y a joint le tome II du Voyage en Italie.

2356. **Théophile de Viau.** Les Œuvres de Théophile, divisées en trois parties. Revues et corrigées. *Paris, Pépingué*, 1662 ; 2 tomes en un vol. in-12, veau.   12 fr.
Très bonne édition.

2357. **Thibault de Chanvalon.** Voyage à la Martinique. *Paris, Bauche*, 1763 ; in-4, carte, mar. rouge, fil., tr. dor. (*Rel. anc.*) 350 fr.
Relation estimée.
Exemplaire aux armes de MARIE-JOSÈPHE DE SAXE, dauphine de France.

2358. **Thiébault** (le général). Du Chant et particulièrement de la romance. *Paris, Arthus Bertrand*, 1813 ; in-8, br.   3 fr.

2359. **Thirria** (H.). Napoléon III avant l'Empire. *Paris, Plon et Nourrit*, 1895 ; in-8, br.   4 fr.
Tome Ier.

2360. **Thomas.** Essai sur le caractère, les mœurs et l'esprit des femmes dans les différens siècles. *Paris, Moutard*, 1772 ; demi-rel. 3 fr.
Frontispice de *Cochin* gravé par *Saint-Aubin*.

2361. **Thucydide.** L'Histoire de Thucydide athénien, de la guerre qui fut entr' les Peloponnesiens et Athéniens. Translatée en langue françoise par feu Messire Claude de Seyssel, lors evesque de Marseille et depuis archevesque de Turin. (A la fin :) *Imprimé à Paris en l'hostel de maistre Josse Badius; achevé le dixième jour d'Aoust* 1527 ; in-fol., mar. brun, dos orné. comp. à froid, tr. dor. (*Chambolle-Duru*).   500 fr.
Cette belle édition a été traduite du latin de Laurent Valle par Claude de Seyssel : elle comprend 16 ff. lim. et 281 ff. chiffrés, imprimés en caractères ronds.
Bel exemplaire, grand de marges, dans une très jolie reliure de style monastique ornementée de fers à froid.

2362. **Thureau-Dangin** (Paul). Histoire de la Monarchie de Juillet. 1887-1889 ; 4 vol. in-8, br. 15 fr.
Tomes II et III en seconde édition—Tomes IV et V en première. — Le tome Ier manque

2363. **Tissot.** L'Onanisme. Dissertation sur les maladies produites par la masturbation. *Lausanne, M. Chapuis*, 1771 ; in-8, bas.   5 fr.
On a relié à la suite : *Froger*. Instructions de morale, d'agriculture et d'économie, pour les habitans de la campagne. *Paris*, 1769.

Et de Livres anciens et modernes

2364. Tite-Live. Titi Livii Decades noviter impresse. (In fine :) *Venetiis, per Joannem ac Bernardinum ejus fratrem Vercellenses, anno* 1506. — Apianus Alexandrinus de Belli civilibus. (In fine :) *Appiani traductio impressa Venetiis per Christoferum de Pensis anno* 1500. Ens. 2 ouvrages en un vol. pet. in-fol., peau de truie estampée (*Rel. anc.*)   400 fr.

Rares et belles éditions imprimées en caractères ronds. Le Tite-Live est illustré de charmantes et délicates figures sur bois et son titre porte la fleur de lis rouge des Junte.

2365. Traité de l'origine des jeux floraux de Toulouse. (Par Simon de La Loubère). *Toulouse, C.-G. Lecamus*, 1715 ; in-8, demi-rel. veau fauve.   10 fr.

2366. Traité historique de la mouvance de la Bretagne, dans lequel on justifie que cette province dès le commencement de la Monarchie, a toujours relevé, ou immédiatement ou en arrière fief de la couronne de France (par l'abbé René Aubert de Vertot). *Paris, Cot*, 1710; in-12, veau.   6 fr.

2367. Travaux publics (les) de la France. Par MM. les ingénieurs des ponts et chaussées : F. Lucas, Ed. Collignon, H. de Lagrene, Voisin Bey, E. Allard. Ouvrage publié sous les auspices du ministère des Travaux publics et sous la direction de M. Léonce Reynaud. *Paris, Rotschild*, 1876-1883 ; 5 vol in-fol. en feuilles.   250 fr.

Ouvrage complet contenant : Routes et ponts. — Chemins de fer. — Rivières et canaux. — Ports de mer. — Phares et balises. 250 planches photographiées et 5 cartes en chromolithographie.

2368. Tressan. Histoire de Gérard de Nevers et de la belle Euriant, sa mie. *Paris, impr. de Didot jeune*, 1792 ; pet. in-12, demi-rel. mar. rouge, *non rogné*.   30 fr.

4 figures par *Moreau le jeune*. Papier vélin. Taches.

2369. Twining (Henri). Voyage en Norwège et en Suède. *Paris, Delaunay*, 1836 ; in-8, br.   5 fr.

18 planches lithographiées.

2370. Valenciennes (P.-H.). Élémens de Perspective pratique, à l'usage des artistes, suivis de reflexions et conseils à un élève sur la peinture et particulièrement sur le genre du paysage. *Paris, l'auteur, an VIII* (1800) ; in-4, veau racine, dos orné, dent. (*Oberts*) 15 fr.

36 planches gravées sur cuivre par *Delettre*. Portrait de l'auteur par *J.-M. Moreau* gravé par *A. de Saint-Aubin*, ajouté.

3271. Vapereau (G.). Dictionnaire universel des Contemporains contenant toutes les personnes notables de la France et des pays étrangers, avec leurs noms, prénoms, surnoms et pseudonymes, etc. Quatrième édition. *Paris, Hachette*, 1870 ; gr. in-8, br.   12 fr.

On y joint le *Supplément* publiée en 1873.

2372. Vaulabelle. Histoire des deux Restaurations jusqu'à la chute de Charles X, par Achille de Vaulabelle. *Paris, Perrotin*, 1847-1854 ; 7 vol. in-8, demi-rel. veau.   30 fr.

2373. Vaulabelle. Histoire des deux Restaurations jusqu'à l'avénement de Louis-Philippe. *Paris, Perrotin*, 1864 ; 8 vol. in-8, br.   25 fr.

2374. Véron (Eugène). La Troisième Invasion. Gravure d'après Lançon. *Paris, Rouam*, 1886; in-8, br. 3 fr.

Première partie seule.

2375. Vial (A.-A.). Connaissance pratique du cheval. *Paris*, 1867 ; in-8, fig., br.   3 fr.

2376. Vieil-Castel (Horace de). Collection des costumes, armes et meubles pour servir à l'Histoire de France, depuis le commencement du Ve siècle jusqu'à 1814, par le Cte Horace de Viel-Castel. *Paris, l'auteur*, 1827-1845 ; 4 vol. gr. in-4, pl., demi-rel. dos et doins de mar, rouge, dos orné et mosaïqué, tête dor., *non rognés*. (*Durvand-Thivet*).   225 fr.

Bel exemplaire renfermant 420 lithographies, la plupart coloriées.

2377. Vies (les) des Saints Pères des Déserts et de quelques saintes, écrites par les Pères de l'Eglise et autres anciens auteurs ecclésiastiques grecs et latins. Traduites en françois par M. Arnauld d'Andilly. *Paris, Josse*, 1733 ; 3 vol. in-8, mar. vert, dos orné, fil., tr. dor. (*Rel. anc.*). 250 fr.

Exemplaire aux armes de Madame VICTOIRE DE FRANCE, fille de Louis XV. — Les titres des tomes I et II manquent.

2378. Vilate. Continuation des causes secrètes de la Révolution du 9 au 10 thermidor, par Vilate, ex-juré au tribunal révolutionnaire de Paris, transféré et détenu au Luxembourg. *Paris, l'an III de la République* (1795) ; in-8, br. 5 fr.

2379. Vitu (Auguste). Histoire de la Typographie. *Paris, Delagrave,* 1886 ; in-8, fig., br. 2 fr.

2380. Volney. Considérations sur la Guerre actuelle des Turcs. *A Londres,* 1788. — Examen du livre intitulé « Considérations sur la guerre actuelle des Turcs par M. de Volney ». Par M. de Peyssonnel. *Amsterdam,* 1788. Ens. en un vol. in-8, bas. 4 fr.

2381. Voltaire. Élémens de la philosophie de Neuton, mis à la portée de tout le monde par M. de Voltaire. *Amsterdam, Jacques Desbordes,* 1738; in-8, veau granit. 12 fr.

En-têtes de *Folkema, Dubourg* et autres.

2382. Voltaire. La Henriade, nouvelle édition, revue, corrigée et augmentée de beaucoup ; avec des notes. *Londres, Hierome Bold Truth,* 1730 ; in-8, mar. rouge, dos orné, fil., tr. dor. (*Rel. anc.*). 4 fr.

2383. Voltaire. La Pucelle d'Orléans. Poëme divisé en quinze livres. Par Monsieur de V... (Voltaire). *Louvain,* 1755 ; in-8, mar. La Vallière, tr. dor. (*A. Motte*). 150 fr.

ÉDITION ORIGINALE comprenant 2 ff. non ch. pour le titre et la préface et 161 pp. Exemplaire relié sur brochure. Haut. : 175 mill.

2384. Voyages d'Espagne, contenant, entre plusieurs particularitez de ce Royaume, trois discours politiques sur les affaires du Protecteur d'Angleterre, de la Reine de Suède et de Loraine (par Fr. d'Aerssen de Sommelsdyk). Avec une Relation de l'estat et gouvernement de cette monarchie (par (A. de Bonnecase, Sr de Saint Maurice) et une Relation particulière de Madrid. *Cologne, Pierre Marteau,* 1667 ; pet. in-12, front., mar. rouge, fil. à froid, *non rogné* (*Bauzonnet-Trautz*), 150 fr.

Édition publiée à Amsterdam par Abr. Wolfgang ; elle se joint à la collection elzevirienne (Willems, *les Elzevier.* n° 1761, 3°). Exemplaire non rogné. Haut. : 147 mill.

2385. Voyageur américain (Le). ou observations sur l'état actuel, la culture, le commerce des Colonies britanniques en Amérique. Traduit de l'anglois (d'Alexandre Cluni), augmentée d'un précis sur l'Amérique septentrionale et la République des Etats-Unis par Jh. M. (Joseph Mandrillon). *Amsterdam, Schuring,* 1783 ; in-8, br. 4 fr.

2386. Wace. Le Roman de Brut par Wace, poète du XIIe siècle, publié pour la première fois par M. Leroux de Liney. *Rouen, Ed. Frère,* 1836-1838 ; 2 vol. gr. in-8, front., br. 40 fr.

Exemplaire en GRAND PAPIER VÉLIN.

2387. Walckenaer (C.-A.). Histoire de la vie et des ouvrages de J. de La Fontaine. *Paris, A. Nepveu,* 1820 ; in-8, portr., demi-rel. veau vert. 3 fr.

2388. Waldeck-Rousseau. Discours parlementaires. *Paris, Charpentier,* 1889 ; in-8, br. 4 fr.

Envoi d'auteur.

2389. Wallon (Henri). Jeanne d'Arc. Edition illustrée d'après les monuments de l'art depuis le XVe siècle jusqu'à nos jours. *Paris, Firmin-Didot,* 1876, in-4, demi-rel. dos et coins de mar. rouge, tête dor., *non rogné.* 20 fr.

Chromolithographies et gravures sur bois.

2390. Wallon (Henri). Les Représentants du peuple en mission et la Justice révolutionnaire dans les départements en l'an II (1793-1794). *Paris, Hachette,* 1889-1890 ; 5 vol. in-8, br. 12 fr.

Le tome IV manque.

2391. Watelet. Dictionnaire des Arts de peinture, sculpture et gravure, par M. Watelet. *Paris, Prault,* 5 vol. in-12, demi-rel. veau. 30 fr.

2392. Weber. Mémoires de Weber

Et de Livres anciens et modernes

concernant Marie-Antoinette, archi-duchesse d'Autriche et reine de France et de Navarre, avec des notes et des éclaircissemens par MM. Berville et Barrière. *Paris, Baudoin,* 1822 ; 2 vol. in-8, demi-rel. bas.   5 fr.

Taches et mouillures.

2393. Weirotter. Œuvre de F. E. Weirotter, peintre allemand, con-tenant près de 200 paysages et ruines, dessinés d'après nature, tant en France qu'en Italie, et gra-vés à l'eau-forte avec beaucoup de goût par lui-même. *Paris, Basan et Poignant, s. d.* (1771) ; in-fol., cart.   90 fr.

Exemplaire avec de superbes épreuves des planches, dont la plupart AVANT LA LETTRE et le portrait de Weirotter, gravé à l'eau-forte par *J. Schmuzer.*

2394. Wlson de la Colombière. Le Vray Theatre d'honneur et de chevalerie, ou le miroir héroïque de la noblesse, contenant les com-bats ou les jeux sacrez des grecs et des romains, les triomphes, les tournois, les joustes, les pas, les emprises ou entreprises, les armes, les combats à la barrière, les car-rosels, les courses de bagues et de la quintaine, etc. *Paris, Aug. Courbé,* 1648; 2 vol. in-fol., veau, dos orné, fil. (*Rel. anc.*).   100 fr.

Figures de *Chauveau* et autres, gravées sur cuivre. Celle de la p. 361 du tome Ier représente le curieux Carrousel donné sur la place Royale les 5, 6 et 7 avril 1612.

2395. Zola (Émile). L'Argent. *Paris, Charpentier,* 1891 ; in-12, br. 7 fr.

ÉDITION ORIGINALE SUR PAPIER DE HOLLANDE.

2396. Zola (Emile). Au Bonheur des Dames. *Paris, Charpentier,* 1883 ; in-12, demi-rel. dos et coins de mar. rouge, tête dor., *non rogné.* (*Pouillet*).   35 fr.

ÉDITION ORIGINALE. — Exemplaire tiré sur PAPIER DE HOLLANDE. Couverture conservée.

2397. Zola (Emile). Le Docteur Pas-cal. *Paris, Charpentier,* 1893 ; in-12, br.   18 fr.

ÉDITION ORIGINALE. — Exemplaire tiré sur PAPIER DE HOLLANDE.

On a joint l'Invitation au déjeuner offert par les éditeurs à l'auteur « pour fêter l'achèvement des Rougon-Macquart » le 29 juin 1893; illustré du portrait d'Emile Zola, dessiné et gravé par *Desmoulin.*

2398. Zola (Emile). Une Page d'A-mour. Compositions de François Thévenot. *Paris, Emile Testard,* 1895 ; gr. in-8, br.   20 fr.

Le Propriétaire-Gérant : THÉOPHILE BELIN.

VIENT DE PARAITRE:

LA

COLLECTION DUTUIT

LIVRES ET MANUSCRITS

Superbe volume in-folio, de 328 pages, imprimé avec le plus grand luxe par L. DANEL, de Lille, orné de 42 planches hors texte, en noir et en couleurs, reproductions de reliures et de miniatures et de 67 figures dans le texte, fac-similés de titres, de gravures, etc.

TIRAGE LIMITÉ A 350 EXEMPLAIRES

PRIX DE L'EXEMPLAIRE. . . . . **200** fr.

Châteaudun. — Imprimerie de la Société Typographique *(Téléphone).*

www.ingramcontent.com/pod-product-compliance
Lightning Source LLC
LaVergne TN
LVHW020008180726
843503LV00008B/3866